中华道学论纲

李尚武 著

齊魯書社

我的中华文化观（自序）

近20年来，我对中西文化比较研究颇感兴趣，涉猎双方的一些著作也颇有心得，尤对中国文化之特质有所领悟，撰写一些文章，分三集出版。三本书的思想前后衔接，承前启后，侧重有别，而又一以贯之。

一、《心论集》纲要

2003年12月由中国文联出版社出版的《心论集》，对中西文化的创生发展、交流互动的历史进行梳理、描述，侧重探索研究中国文化在世界文化史上的地位、作用，主要有以下10个基本思想观点：

第一，就广义的文化言之，当今世界存在着三大类型的文化，即元文化、原创型文化和衍生型文化。中华文化和西方文化是两大原创型文化。

第二，这两大原创型文化分别代表着两种经典的社会历史发展道路与模式。

第三，中国传统社会文化是大河文化与海洋文化有机整合的综合性文化，是以家庭为本位，以农耕文化为主，与工商牧渔文化相融合而创生的生态文化。

第四，中华民族的民族性带有柔中有刚、刚中藏柔、刚柔相济的韧性。

第五，人类的宇宙观归根结底有两种：中国传统的生命本体论宇宙观与西方的机械整体论宇宙观。

第六，中国人的精神心理结构是"本我—和我—纯我"模式，西方人的是"本我—自我—超我"模式，印度人的是"本我—内我—无我"模式。

第七，中国传统的治国方略是以官僚集团为主体，以德为本、德法并用的礼治。

第八，中西两大原创型文化的交流、融合，只有以中华民族为主体，以中华文化为主宰，通过全民族的共同实践，走异体化生的道路，才能实现创造性转化，收到综合创新的效果。

第九，世界上有两种发明：中国人擅长创造性发明，西方人擅长发现性发明。历史上中国人的创造发明曾为西方的近代化起过促进作用，今天西方人的发现发明正对中国的现代化起着促进作用。

第十，中华文化与西方文化都曾有过发展变化的历史时期，也都有过停滞、拖延、只有靠外力的冲击才能发展的历史时期，而且它们交错出现的发展时期都曾对对方相应的停滞状态发生过直接或间接的冲击作用，而使其走向新的历史时期。

二、《心论集(续)》纲要

2012年8月由人民文学出版社出版的《心论集(续)》,在延续《心论集》一些主要思想的基础上,修改、补充、发展了一些观点,并对五千年中华文化的创生成长、发展演变的根脉进行了全面梳理,力求恢复中华文化自身成长发展的真相。该书也提出了10个新观点。

第一,中华文化是以道为本的文化,这个文化的最大特征是“合且通”,以“心”为主宰。西方文化是以实体为本位的文化,其最大的特征是“分且隔”,无“心”统摄。

第二,中国社会历史发展的道路是“生生不息”的连续性成长道路,西方社会历史走的是一种“生死相隔”的阶段性发展模式。

第三,西方发明了哲学,中国创生了道学,中国各自不同的思想学术流派组成了中华道学的大家庭。不同者是:西方各哲学流派分别本于物与心之二元,中国各道学流派则本于道一。

第四,自炎黄时代迄今,中华道学已经创生了10个承前启后的形态,即“炎黄时期的道学—夏商西周时期的道学—春秋战国时期的道学—秦两汉时期的道学—魏晋南北朝时期的道学—隋唐五代时期的道学—宋元明时期的道学—明末清前中期的道学—鸦片战争至新中国诞生前的道学—新中国诞生后至今的道学”。

第五,中国历史已经历了两次文化“轴心时代”(此处借用德国哲学家雅斯贝斯的用语):第一次发生在上古三皇时代;第二次发生在春秋战国时代;近世以来,中华文化正经历着第三次文化轴心时代,这一次将是融西学、合他学,以振兴中华文化,开创世界文化新纪元的时代。

第六,“中国道路”不是一个固定的模式,而是在适应中求创新、在创新中求适应的一个生生不息的发展过程;“西方模式”曾有三个:古希腊、古罗马奴隶制模式,中世纪“feudal”模式,近现代资本主义模式。

第七,中华文化史是有“心”主宰、“族统+道统+治统”三位一体的生机成长史。“心”即一统,“合且通”:“人”定于“一”则明;“家”定于“一”则兴;“国”定于“一”则强;“天下”定于“一”则安。

第八,中国既无民主传统,又无专制传统,而是礼乐传统。中华文化是道本文化,也即情本文化,归根结底是以人为本的文化。这样的文化于治国即是“礼”(德法互补)“乐”(美育教化)合一的方略。

第九,中华教育思想注重生活经验的积累、传承和对事物生机整体的感悟,强调创造性的想象和横向有机的综合,因此其教育方法多是示范点拨、触类旁通、举一反三,并无一定的程式和可重复的检验性。西方教育哲学注重观察现象之间的联系和因果关系,其知识系统有纵向不断发现的特点,因此与生产力发展水平和新研究方法的出现密切相关；反之，对知识的量的积累不甚重视。所以，西方教育方法重视独立思考、逻辑性联想、逻辑悖论激起的灵感、猜想以及新实证方法的产生，其方法具有逻辑程式性和可重复检验性特点。两种教育思想不可偏废。

第十，中西医两大医学体系分别浓缩了两大原创型文化的精神。中医学以医患相通为原则，把患者与天地万物、四季气象等周围环境合作一体辨症施治，以天人合一、身心一体、阴阳和合、燥湿平衡、寒热互补、有无相生、动静相随等的大和谐关系为本，以五行相生相克为比类，以病症为标，格病致知，运思于心，施以标本兼治之术。西医学以医患两分、身心两分、天人两分为前提，把患者看作生物学意义上的人，以解剖学为基础，以人体组织结构、生理功能、脏器机理以及各脏器之外在关联为出发点，以病症为标的，以实证查验分析为手段，施以治标之术，其理疗、化疗、心疗（即精神心理分析疗法）、术疗、药疗等就是西医之医术。

三、《中华道学论纲》提要

即将由齐鲁书社出版的《中华道学论纲》，对中华道学思想体系进行了建构性探索，并对"五四"新文化运动以来在中国思想理论界风靡至今的启蒙运动、现代新儒家、疑古辨伪等思想潮流作出了自己的评判，提出了8个主要观点：

第一,本书的“理论篇”提出了以道为本体(“道”)、以人为主体(“心”)、“道”“心”圆融(“理”)的思想理论框架。

第二,中国数千年的历史是有别于西方以法律为基础之联邦制的以自然血缘为纽带之一统封建制国家形制。

第三,中国自古以来就是一个以人文精神占支配地位文化的国度,历史上不同于西方社会18世纪发生的启蒙运动的国情和文化背景。

第四,发生在中国20世纪二三十年代的疑古思潮,其在本质上属于发生于19世纪末20世纪初的日本疑古思潮的舶来品。

第五,发生在20世纪初的中国现代新儒学流派,是以西方学术范式、儒家思想史料构建的儒“面”西“魂”的现当代思想流派,它以西方哲学思想为精神支柱,是另一种启蒙思潮。

第六,中华道本文化是有“心”统摄、“合且通”的文化,知情意合一的“心”自由是实践性的,所谓“安时而处顺,乘物以游心”,即是对“心”自由的具体而真实的写照。西方文化是“分且隔”的文化,所谓思想自由、审美自由、意志自由,只具有抽象的性质。

第七,中国传统的治国理政方略是“礼”,是以德为本、以法为辅的礼治。这一治国方略发展到近现代,既有传承价值,又需要创造性转化。

第八,科学为中国提供了众多的自然科学技术和社会科学理论，为中国的现代化强国富民提供了宝贵的工具理性精神和知识技能。中华民族不仅要利用科学技术为中国的现代化建设服务，更要为其安顿伦理的家园，使之成为既真且善的有益工具，为人类福祉服务。

总之，《心论集》的重点是中华文化的定位（参阅该书“文化类型新论”部分），《心论集（续）》的重点是中华道学史纲（参阅该书“道兮归来”部分），而本书的重点是中华道学论纲（详参本书“理论篇”部分）。

李尚武

2015年1月

前 言

《中华道学论纲》马上就与读者见面了，这是接着笔者《心论集》及《心论集(续)》而说的心里话。笔者在《心论集(续)》一书的《后记》中说过要把自己的心里话说出来："就是要对中华民族传统文化进行一番正本清源的工作，对'五四'新文化运动以来的中华思想学术做一番拨乱反正的工作，对盘踞在我中华大地上的西方思想学术霸权做一番彻底颠覆的工作。"《心论集》主要从历史文化学和文化类型学的角度破解"西方中心主义"的谬论；《心论集(续)》主要构建和论述以道为本的中华文化体系；而本书的重点在于对建立中华道学思想体系作粗浅的尝试以及梳理、评判"五四"新文化运动以来中国思想学术界几大影响深远的流派，如启蒙学派、疑古辨伪学派、现代新儒家学派等。

本书共分五部分：理论篇、争鸣篇、心得篇、交流篇、书信篇。

“理论篇”是一篇理论文章，是笔者近几年学习、思考中华道学的思想体会，经过细思明辨而提出来的。

“争鸣篇”由8篇文章组成，笔者分别对“五四”新文化运动以来史学界、学术界的重要流派，如“启蒙派”“疑古派”等派别的某些重要观点，如“五种社会发展阶段论”“层累的古史说”“中国学术无范式说”“现代新儒学”“西方价值普世说”等进行一番商榷，力求恢复中华道本文化的真相。

“心得篇”多是笔者发表的博文，经过整理后结集在此，以飨读者。

“交流篇”是笔者与师友就《心论集》及《心论集(续)》中有关学术问题的讨论。笔者尤其要感谢张宝正老师，他以严谨扎实深厚的学养对这两部书提出了非常中肯的意见。这些宝贵的意见对笔者继续思考撰写本书有很大帮助。

“书信篇”集结了近年笔者与师友信函的一部分，这些往来信件同样对笔者的著述起了很大的指导作用。

笔者的《心论集》由中国文联出版社于2003年12月出版，《心论集(续)》由人民文学出版社于2012年9月出版，而本书即将由齐鲁书社出版。这三册内容一以贯之，后书接着前书而讲，并有所补正、救弊、充实、发展、创新。笔者真诚地希冀自己的这几片“砖瓦”能够引出璀璨夺目的“美玉”来。

目 录

争鸣篇

心得篇

交流篇

书信篇

理论篇

在浩瀚无垠、广阔无际的宇宙中，有一颗星球，它穿着一层厚厚的外衣，身上有高山、海洋、草原、森林、沙漠、绿洲、大河、湖泊，像一颗圆圆的蓝宝石晶莹剔透，并围绕着太阳，走过了数十亿年生生不已的路程。

这颗孕育了无数生命的美丽星球就是人类的家园——地球。它是那么的不可思议，偌大宇宙的生机灵气集于一身；经过若干年的生生不息，它的所有灵动生气最后又集于一物——人类。

地球创生了人类，便开始了自己认识自己的历史，但它不是径直地打开自己的魂魄，而是在两大迥别的自然地理环境中把自己创生的人类分成两大主要群体，让他们顺其自然地创造出两大不同质的原创型文化——中华文化与西方文化。这两大原创型文化代表了人类对宇宙的两种观念：生命本体宇宙观与机械整体宇宙观。前者从内在于自然的视角反求诸己，感悟宇宙生生之奥妙；后者则置身其外，成主客两分之状，从现象实体的分析研究中探索宇宙构成之本原。

西方民族在探索宇宙本原的过程中是科学主义与实证主义的，区分了许多具体而零散的学科；而中华民族在感悟宇宙奥妙的漫漫道路中创生了自己独具特色的完整的文化体系，这就是与“生命本体宇宙观”相呼应的博大厚重的中华道学体系！

一、道

本书所谓中华道学与所谓西方哲学既有异又有同：异在中华道学本于无，有无相生，生生不息，创化万物；西方哲学源于纯有，并一分为二：主体与客体，客体纯有 Ontology，主体纯有 Being，二者辩证展开而有唯物论与唯心论。同在二者都是关于宇宙观的学问。西方哲学以现象实体的经验分析和先验逻辑的概念体系进行实证研究或思辨建构，成就了其流派纷呈的哲学体系；中华道学则是理一分殊的学问大家庭，各家学派因悟道之一隅而自成一家之言，各家之学又因以道为本、思不离道而相通相生。中华道学可分三个层面：儒、道、墨、法为第一层面，即形而上的层面；政、律、诗、文、艺、兵、纵横等为第二层面，即心物合一的层面；农、工、商、医、天文、数术等为第三个层面，即形而下的层面。简而言之，中华道学是研究中华文化本体之学问或中华民族精神本体之学问。

(一)有无之辨

中华道学是关于宇宙观的学问,它源于《易经》,分而为儒、道两家。笔者认为,道家侧重天道,但落于人间事;儒家侧重人道,但以天道为据。传说《周易大传》为孔门弟子所作,其特点是提出了一个博大深微的天道论即是佐证。道家为老子李聃创立,经战国庄周、魏晋玄学家发展,融合于宋明道学。中国先哲通过仰观天文、俯察地理、近取诸身、远取诸物,对自然万物和自身生活有了直观感悟、经验体悟,创生了宇宙自然生生不息的道本文化。《易经》通篇讲元、亨、利、贞四个字,实际是完整宇宙观的描述。这四个字展开来就是乾元资始,大化流行,氤氲化生,生生不息。具体言之,还有下面所涉诸对范畴:

1. 有无

有无这对范畴是任何一个民族在面对宇宙万物时都不能不思考的第一范畴,因为只有此范畴的基本内涵搞清楚了,才可以继续探索下去。在当今世界上,西方哲学、印度哲学和中华道学是学界公认的三大经典思想体系,它们都从有无这对范畴开始展开各自的思想历史。不过,中、西、印三大思想体系对有无这对范畴的理解有差异。为了深刻理解中国人关于有无的思想,笔者下面作一简略比较。

(1)印度涅槃之道。

印度文化最显著的特点是宗教性,无论是印度教各分支还是佛教各流派,都属于宗教哲学的范畴。这两大宗教哲学思想的核心和基本观念是有和无,或实有和空无。可是,正因为其宗教哲学性质,这两大宗教哲学中的各个分支流派都视精神性的东西为有或实有,而认为真实存在的万物为空无或无。

如《梨俱吠陀》中说泰初不存在有和无,但在思想中把有和无联系起来思考,提出了有和无的抽象概念,如文中说:"有的联系在无中被发现。"这种对事物有和无的描述是印度后世关于有无观念的思想源头。

再如《奥义书》中"梵"被看作是一切事物的本原,是真正实在的东西,而无数的我(小我或现象界)并不存在另外的自体。独立于梵的东西是没有的,只有梵才实在。因此,真正实有的东西是大我(梵),而表现为种种差别的各种事物在本质上是空无的。

数论派则认为实在的是自性和神我,而它们的转变形态不能持久,因而是空无。

以上是印度教各派的观点,与其相连又有差异的佛教又如何呢?当年,释迦牟尼创立佛教的目的是为了反对印度教的四种姓制度。婆罗门种姓为了维护其至高无上的地位,创立了具有至上性的唯一神——大我(梵),梵不仅是至上的,而且是唯一的实有。佛教则不同,它否定了只有一个不变的实体的观念,不否认有变化着的事物的形成条件(缘)。因此,早期佛教既讲有也讲无,而这个不是绝对的虚无,而是在缘起论上讲的空无,是有与无相关联着的。虽然佛教侧重讲空无，即无常和无我，但它从不讲以无为本的有无关联，提出所谓实体性概念多数属方便说法，是用来破除大我实有的工具，是为其宣扬众生平等观念服务的。最为关键的是，它不讲宇宙唯一，无极而太极，而讲此岸世界与彼岸世界“分且隔”的“三界说”，彰显其宗教本质。

(2)西方爱智之道。

其哲学源于古希腊。古希腊人因其社会历史和居住环境的影响与周边文化质的多样性及其交互作用，逐渐产生了观察、组织和理解现实的方式和以实体为本位的观念，即以有为本位。如伊奥尼亚学派的泰勒士认为“水是原则”，也有以空气来理解普遍；而在埃利亚学派那里则出现了纯粹的思想，认为有限的分别“多”不是真实的，只有“一”才真实。但无论是“多”还是“一”，都是“有”或“实体”。在古希腊人那里，“无”的观念的建立有赖于思维的辩证运动即思想世界的建立。正是在希腊化的意大利人那里，思想被当作原则。一方面是单纯的物质的原则，另一方面则是纯粹的思想的原则。到了阿那克萨哥拉，综合了单纯物质的和纯粹思想的两个原则，绝对才成为运动的和自身规定的思想，才把这种思想认作本质(参阅黑格尔《哲学史讲演录》第1卷)。

这是古希腊哲学转变的重要标志，由此形成了以单纯的物质为原则与以纯粹的思想为原则的二元结构。单纯的物质(Ontology)和纯粹的思想运动(Being)分别发展出西方哲学唯物主义与唯心主义相对立的两大阵营:古希腊以伊壁鸠鲁的原子论为前者的代表,而以柏拉图的理念论为后者的代表;中世纪以唯名论为前者的代表,而以唯实论为后者的代表;近代以来则以唯物论为前者的代表,而以唯心论为后者的代表。前者基本上认为物质是真实存在的,精神为派生;后者则以精神为实有,物质现象是精神的产物。它们认为物质与精神都存在(即有),区别是孰先孰后;二者都认为无是不可思议的荒唐,无只是有的一个规定、一个逻辑的格,只有在逻辑思辨中才能理解。

在单纯的物质和纯粹的思想两大对立原则中,总要有一个东西成为它们之间联系的中介,这个中介在古希腊哲学发展的末期产生了,它就是今天学者们称之为调和哲学的亚里士多德哲学,特别是他发现的形式逻辑。在古希腊的本质论哲学中,形而上的思想理念和形而下的物质实体之间的关节点就是那个"形";而在现象实体与思想理念之间,形式逻辑起了桥梁的作用,犹如康德的哲学在经验概念和先验的知性范畴之间架起一座桥梁一样,这种情况正是西方哲学常用的方法。

(3)中国生生之道。

像西方哲学是西方民族精神的哲理化也是西方各个哲学流派的大家庭一样,中国道学则是中华民族精神的道理化思想和中华文化的本体化学问。与西方哲学所不同的是,中国道学既不是以有为起点,也不是以无为起点,而是以无为本(即以道为本)。印度宗教哲学分为印度教与佛教两大派，它们都认为存在此岸世界与彼岸世界，并以彼岸世界为真实的存在，而以现实世界为空无。中国道学不认为有所谓此岸世界与彼岸世界之分，因此无论是从时空性上看还是从思想逻辑上看，有无都是不可分的：在时空上没有先后之分，在思想上是关系本位，以无为本。中国人清楚地认识到这一点是在距今三千多年的西周时期出现的《易经》中。《易经》通篇围绕着元、亨、利、贞四个字展开，它们包含着中华民族的宇宙观、人生观、价值观，贯穿乾元资始、大化流行、氤氲化生、生生不息的就是无与有的生机辩证关系。从以上叙述中可以见得三点：一是有与无这对范畴是自然的，不存在此岸、彼岸之分；二是有与无是生机关系本位，二者从来是不可分割的；三是有中有无，无中有有，有无生变，创生万物。有此三点，中国道学才形成了自己独特的人文精神体系，与西方二元哲学（纯有 Ontology 与纯思想 Being）、印度宗教哲学（神我、大我为唯一实体的印度教与诸行无常、诸法无我、涅槃寂静的佛教）划清了界限，并由此分道扬镳。

2. 有无衍生的诸对范畴

在这方面，儒、道两家分别进行了审思。

（1）道家。

道家继承了《周易》宇宙观中宇宙生成论的思想，因此尤重对有无范畴的格物致知，分为三个阶段基本完成了演绎：

老子著《道德经》五千言，成就了格“有”（物）致“无”

(道)之说,从"有有"体悟"有无"。老子深谙《周易》微言大义,亦直觉天地万物本于无,即有无,但无不可言说,故以有论说无之不足。

庄子继承发展老子学说,悟道得无无境界,使道家思想从有有—有无—无无。此"无无"之"有"已是心的一种崇高境界,即天地与我相通、万物与我为一的境界,达到乘物以游心之境。

魏晋玄学家出入于儒道,参于佛,思辨于名教与自然之间,提出无"无无",即以无为本(无有)的思想新高度。魏晋玄学家们在庄子"无无"之说的基础上又提出以无为本,正是人的精神活动的"纯我"之境,即无我之我的自由之境。

在道家思想中,像有无这对范畴一样,还有天地、阴阳、动静、刚柔、变化、无极太极等范畴。有无既是宇宙之本体,又是宇宙创生之道,本体之道即创生之源,如来如往、从来从往皆如此。道是老子认为不可言说的宇宙本体,但天地万物皆由之生,"道生一,一生二,二生三,三生万物"。故道又是宇宙生成之本,这样的道如何说得?老子只好强名之曰"道",且以有论道。

道家讲天地人,并为之立法:"人法地,地法天,天法道,道法自然。"从中得出"无为无不为"的人生世事的大道理。在宇宙生生的大道中,总是强调矛盾双方的统一,所谓"阴阳互补""动静相随""刚柔相济""变化相容",都是相反且相成的关系,万物负阴而抱阳皆为太极,唯天地与人可有“大动为真静”“静为动根”之无极而太极之至上境界。

(2)儒家。

传说孔门弟子著《周易大传》,张岱年先生说它的一个特点是“提出了一个博大深微的天道论”。天道者即天地生生之道路、道理,从而说明人生之道。古人说,伏羲一画开天地,是人心智大开,“仰观天文,俯察地理,近取诸身,远取诸物”,了然观得天地万物之象,悟其意,明其理,天地万物各有其位,家庭社会各循其礼,森然万象井然有序。

儒家重人事、人生,但以天道为本原。夏商周三代以礼立世,夏之《连山易》、商之《归藏易》虽已失传,但从《周易》可窥其一二:夏《易》偏重天道,其卦象为乾;商《易》较重地道,其卦象为坤;周《易》则含天道、地道、人道,是对夏商两代之《易》的肯定之肯定。学界皆谓商周之际中华文化发生过革命性变化。王国维先生说:“中国政治与文化之变革,莫剧于殷周之际。”此变革“其旨则在纳上下于道德,而合天子、诸侯、卿、大夫、士、庶民以成一道德之团体”(王国维《殷周制度论》)。徐复观先生同样认为是“道德地人文精神之建立”。明乎此,便不难理解为什么孔子会说:“郁郁乎文哉,吾从周。”笔者认为,殷周之际人文精神的高扬,绝非突然从天而降,而是夏商两代人文精神的积淀:夏重天道,信天命,不离人世;商重地道,信鬼神,也是服务于人事。周人既讲天道,也论地道,终是以人道为主,绝不是偶然的,产生于殷周之际的变革应从三代历史继承发展的角度甚至追溯至炎黄时代，才能理解中华文化为何最终以人文精神为核心，儒家思想为何成为中华文化的正统。

儒家讲天道、地道，是以人道为落实。孔子继承发展周礼，追本溯源于天地，以天地人道德相通为原则。《易传》说："天行健，君子以自强不息；地势坤，君子以厚德载物。"是以天地之德教化君子之德；孔子还说过："诚者，天之道也；诚之者，人之道也。"人要替天行道，人能替天行道，所以他说："人能弘道，非道弘人。"

像道家一样，儒家也很重视体悟生命辩证法。不过，道家重视矛盾双方的相互依存、相互转化并持知其不可而安之若命的态度；而儒家在注意到矛盾双方存在破坏平衡而走向反面的倾向，崇尚以积极的态度维护生命整体的和谐。在《易传》中对阴阳、阖辟、变化、变通、刚柔等诸对范畴作出关系本位的诠释，如"一阴一阳之谓道""一阖一辟之谓变""刚柔相推而生变化"，又如"化而裁之谓之变，推而行之谓之通""变而通之以尽利""神而明之存乎其人"，天地变化、变通之神明皆存乎人。因此，《论语》《孟子》《大学》《中庸》"四书"提出诸多人伦道德范畴，像孝悌、仁义、忠恕、礼义、诚信等，对家庭、社会、国家之人伦关系作出积极规范，人们只要照此办理，就会家庭和睦，社会和谐，国泰民安。

后世儒家不断发展充实这些思想，到了宋明道学，会儒、道、释于一理，将命、性、理、情、道统一于心。

（二）道之理

道不可分、不可说，只能悟。道生万物，悟道成理，理一分殊，万物皆有其理。中国人爱说道理，有形上之理、形下之理与和合之理之分类。

1. 形上之理

（1）无限统一之理。

无限统一之理有三层意思：

第一层，天地万物皆是有限与无限的统一体，周敦颐所谓"无极而太极"是也，人人一太极，物物一太极。

第二层，天地万物无限统一于人，人是天地之心；人的无限统一在心，心是天地万物之主。分开说：人，太极；心，无极；合而言之：人，太极而无极也。

第三层，道本于无，不能"分且隔"；心本于无，亦不能"分且隔"。人为天地万物无限之统一，物是有限与无限之统一。因此，人不可"分且隔"，物可"分且隔"；人有心之统摄，物则无，即人以下之最高等动物亦无。

（2）肯定之肯定之理。

西方人从实体本位出发，认为世界发展是否定之否定律（死—生—死）；中国人从宇宙生命本体出发，认为宇宙是生生不息的发展之道，即肯定之肯定的生成律（生—死—生）。冯契先生指出："老、庄对于逻辑思维中的矛盾的揭示，虽然有见于思维'从肯定到否定'的辩证环节，但没有进一步达到'从否定到与肯定的东西的统一'这个环节。正是《易传》达到了老庄所没有达到的环节，肯定了‘言’、‘意’是能把握‘道’的。”（见冯契《〈易传〉的辩证逻辑思想》）冯先生从辩证逻辑的角度似乎也承认中国人“悟”本精神活动遵循着“肯定之肯定之理”。

西方哲学史是在否定前人的哲学思想过程中发展新的哲学（否定—肯定—否定之否定），肯定是中间环节。所谓“死—生—死”不过是一种思维模式，表明西方人思维活动的逻辑起点是实体（“死”），通过思维活动（能动的精神，即“生”）发现实体间的因果规律，并以数学公式、模型、定理等（“死”）形成知识性系统。中间的“生”即能动的方面则成为唯心论者的专利。当然，唯物论者也是离不开这一思维模式的，只是对思维出发点的实体作了与唯心论者相反的预设。

“生—死—生”是生命本体活动的描写。朱熹说：“盖通天下只是一个天机活物，流行发用，无间容息。”在天机活物的无间容息的活动中，“死”是其中间环节，形成“肯定（活物）—否定（革故）—肯定之肯定（鼎新）”之道。中华道学的成长发展正是在肯定前人思想的基础之上继承发展了前人的思想，从而走上了一条永无止息的肯定之肯定的生生道路。其实，这正是宇宙机械整体论与宇宙生命本体论两大宇宙观在人类思想发展理路上的分途。

（3）生生不已之理。

宇宙过去、现在和将来从未停止过生命活动，但就目前科学探测到的结果，无限统一的浩瀚宇宙中只有我们人类居住的地球创生了无数生物,最终创生了拥有心智活动的人类。大道创生万物,则万物循道而相通,因道而有别。因此天地万物和而不同,和即异中之同,同中之异,此乃生生之本;合即有差别的统一,你中有我,我中有你。这就是和实生物、同则不继的道理。

生生不已是创生与化生的统一,即变与化的统一。《易传》上的"化而裁之谓之变,推而行之谓之通"两句话是对生生不已的最好诠释;《横渠易说·乾卦》中说:"变言其著,化言其渐。"所谓"化",应是新生命诞生过程中旧元素的泄出和新元素的积淀;"变"就是新生命的创生;"裁"就是气化活动过程的截断、节点,同时也是新生命创生的起点。所谓"生生"即化生与创生之统一,化生与创生推而行之、永无止息,构成了天地生生不息、一体流通之生机整体气象。

达尔文发明了生物进化学说,以自然选择论之物竞天择和优胜劣汰两大原理构建了自己的进化论学说。笔者认为,实际上,他是将自然界与生物界分隔开来,设置了一个叫"自然"——实际是由中世纪的上帝转变而来——的法官,让众多生物在它面前竞争,由自然进行选择:优者胜,劣者汰;强者胜,弱者汰。这个学说虽然有看似合理的科学结论,也为批判中世纪的宗教迷信做出了贡献,但是因为其出发点的前提设置就错了,所以笔者认为这一学说是不科学的,其后从中发展出社会达尔文主义,鼓吹"弱肉强食",也就不足为怪了。如果我们比较中国人的生生不息思想与西方推崇的达尔文的进化论学说，就不难发现中国人的高明。

2. 形下之理

这里所谓形下之理是指处理人与物、人与事关系时应秉持之理。所谓“形而上者谓之道，形而下者谓之器”，道者，天地之本，器者，形形色色的事物。二者是体与用的关系，所以格致事事物物离不开对道的感悟（发明本心），体悟大道更要落实在事物器用上（经世致用），是为体用不二。

（1）关系本位。

关系本位是宇宙生命本体的应有之义，不同于古希腊亚里士多德逻辑学“实体第一，关系第二”的机械整体论学说。中国人讲“关系本位”，可分为三个层次说明：

第一层次，中国人格致事物主要关注的是价值，这里包括人与自身（心）、人与人（角色）、人与社会（事物）、人与自然（万物）的关系，即灵与欲、义与利、善与恶、情与理等关系，它们不能分隔开来格致，而要从主客合一（格物）的生机整体上体悟（致知）。

第二层次，事物具有普遍的内在关联。在关系本位思想活动即悟本精神活动中，没有绝对对立的东西不可以整合在一起，这为“无中生有”的创造型发明活动提供了无限空间。

第三层次，关系本位为治国理政提供了方法论指导基础。在古代中国，所有道德伦理范畴、治国方略都是以生机关系为本的。

(2)整体至上。

站在关系本位的角度处理个体与整体、局部与全局之间的关系,自然是整体至上,个体服从整体,局部服从全局。在生命本体存在中,每个部分、局部或个体都要服从和服务于整体的和谐、全局的需要,这个生命体才是健康生动的。

从整体上说,部分、局部、个体是组成整体的不可或缺的要素,生命整体的生生不息是建立在个体、局部的有效配合上。用比较好理解的话来讲就是,它们是手段与目的的辩证关系。

在生命整体中,个体与个体之间、部分与部分之间互为手段和目的,它们是统一协调、互动一体的关系。

人是高度统一的生命体,其高度统一之表现就是有"心"统摄、"合且通",因此,"心"代表了人的生命本体,"合且通"是人的生命的特性,它们是一而二、二而一的关系。中国的社会是生机本体型的,它是中国人心智活动外化的自然,族统是中华民族成长史,治统是中华民族治国理政史,道统是中华文化创生发展史。三统不可分,族统是载体(类似人之身),道统是灵魂(即民族之精神、民族之心),治统是二者的合一,故"三统合一"就是生生不已的"中国道路"。

(3)真善合一。

真善合一是中国人处理各种问题的基本原则和态度。

中国人认为：善而不真是伪，真而不善为盗；前者的典型代表是乡愿，后者的突出表现是霸权。站在道德制高点上推行强权政治是伪善，手握“科学利剑”明火执仗称霸是强盗逻辑。

在对待做学问的态度上，张岱年先生认为中国学问具有“同真善”的特征，他说：“中国哲人认为真理即是至善，求真乃即求善，真善非二，至真的道理即是至善的准则。即真即善，即善即真。从不离开善而求真，并认为离开求善而专求真，结果只能得妄，不能得真。为求知而求知的态度，在中国哲学家甚为少有。中国思想家总认为致知与修养乃不可分；宇宙真际的探求，与人生至善之达到，是一事之两面。穷理即是尽性，崇德亦即致知。”中西文化差别亦在此。

在中国人的价值观中，真中有善，善中有真，二者“合且通”。在主客关系中，客体对主体真相的显现与主体对客体善的价值判断是一致的，在实践中要求主客体合一。这样做，既避免了单纯追求真理而不顾人类价值需求的弊端，也避免了以价值追求代替真相探索的另一弊端。西方人在主客对立中只顾追求真理的态度，无疑造成了科学万能主义的危害和人的主体的异化；反之，中国先民在诉诸真善合一的实践原则时，也有注重价值评判而忽略对事物真相探索的偏颇。在中西文化交流中，西方的科学文化可以给中国人以物质结构和其运动规律的知识以及众多的科学技术，中国人则以真善合一的原则限制科学的恶性膨胀,创造出适合人类本性、符合人的价值、提高人类福祉的物质文明。

3. 和合之理

所谓和合之理,是指道与人相依互转之理。中国先民从直观天地万物人生而悟道,认为自天地间有了人,大道生生之理方有自觉形态,人才会在天人互动、参赞化育之中体悟二者不可分隔。

(1)天人合一。

在漫长稳定、周而复始的现实生活中,天人互动,身心交感,格物致知,体悟出天人合一的大道理,从而感悟到人是宇宙生生不息之最高、最大成果。天地无限统一最终落实到人,人性集宇宙大全之性,故与天地万物相通,确信人为天地万物之心;人有无限统一之性在心,因此人心可致天理于事事物物,参赞天地,化育万物,成就人化之自然。

宋明道学曰"心统性情也",即若只论和合,不讲心主(道心、本心与人心在根本处为一),和合断无主宰,甚是空泛,生生不着;若只重本心,不讲和合,亦无着意处,生生不存,只是悬隔。所以,先圣倡天人合一,就是张扬人乃天地之心,心为天地之主。天人合一作为中华道学的基本法则,将天命人性、天道人伦、天理人事合而为一。无此法则,天道不行,天命无着,天理悬置。

理解天人合一可有四个相关层次:

第一,生之谓性。天地人万物皆是宇宙生生之,程颢说:"'生之谓性',性即气,气即性,生之谓也。"此谓人生气禀，生之谓性，即自然之性。天有天性，地有地性，人有人性，物有物性，张载说：“民吾同胞，物吾与也。”（《西铭》）是对“生之谓性”的最好诠释。

第二，天命之谓性。人虽是宇宙所创生，但在注重人生的儒家看来，人与其他事物所不同者，在于人禀天性之全，故谓“天命之性”。物仅有生之性，人性不但有生之性，更有天命之性，所谓“生之谓性”“继之者善也”，程颢曰：“凡人说性，只是说‘继之者善’也，孟子言人性善是也。”笔者理解，讲人性，说的是生之性与天命之性不二，二者不能“分且隔”，故人性最基本者为本然之性，即孟子言人性善是也，而非自然之性。西方人讲人性恶是从自然之性说起，中国人讲人性善是本然之性。

第三，性即理也。宋明道学家之理学一派提出“性即理也”的命题，讲的就是天人合一。何谓性？上述“生之谓性”与“天命之谓性”，人性既是生之性，也是天命之性，所以它有天性之全。但无论怎么说，人总要与天地万物打交道，只谈性，存有也，是然也，但非所以然也，故程颢“体贴”出天理二字甚感欣慰，朱熹《尽心说》有言：“道是统名，理是细目。在心唤做性，在事唤做理。”可以说无理难以论道。故今世学人吕思勉说：“弼注老子，为之指略，致有理统。”王弼为老子指略，发明了以理论道的传统；程颢自家体贴出天理，以理统摄命、性、道、情，遂成理统。前者发明，后者达成，实是一以贯之。

宋明儒家发明了天理，人们明白了“盖通天下只是一个天机活物，流行发用，无间容息”（朱熹《中和旧说序》），感悟到天地万物“合且通”的道理。但天地万物如何可能“合且通”？理学家们也都提出了自己的看法。

张载提出“心统性情也”，程颐对此大为赞赏，朱熹发展了张载的思想，虽侧重道问学，但也很重视尊德性。他深入思考了“心”的地位和作用。他说：“性是未动，情是已动，心包得未动已动。盖心之未动则为性，已动则为情，所谓‘心统性情也’。”五峰先生胡宏《知言》曰：“是故诚成天下之性，性立天下之有，情效天下之动，心妙性情之德。”朱熹赞曰：“此言甚精密。”他甚至说：“须知未动为性，已动为情，心则贯乎动静而无不在焉。”“心，主宰之谓也。”“天大无外，而性禀其全，故人之本心，其体廓然，亦无限量。”可以说，宋明道学家之理学一派论“心”还停留在为“理”服务的层面上。理为体，心为用，心只要循其本性去做，就可以做到天人合一，处处有人欲，处处体认天理，诚如王夫之所说：“人欲之大公，即天理之至正。”

第四，心即理也。宋明理学家们主张以理为体，以心为用，仍是“理主心辅”的结构，是荀子“礼即理也”思想的继承发展，进一步完善了郡县一统封建制度和礼治方略，但在其体系上对礼治核心的“仁”涉及偏弱，以致陆九渊认为理学有支离之嫌。陆九渊上承孟子心论，提出“发明本心”“心即理也”的命题，将“心”提高到宇宙本体论的高度，他说：“宇宙便是吾心，吾心即是宇宙。”王阳明集心学之大成，他说：“夫心之本体，即天理也；天理之昭明灵觉，所谓良知也。”(《王文成公全书》卷五)他强调天地万物乃一体之仁,“人者,天地万物之心也。心者,天地万物之主也”,致知格物“是乃根于天命之性,而自然灵昭不昧者也,是故谓之‘明德’”。他说:“我年来立教,亦更几番,今始立此四句。”“无善无恶心之体,有善有恶意之动,知善知恶是良知,为善去恶是格物。”第一句是说心之体本于无,与天道、天理不二;第二句讲的是意之动有善有恶,“意之所发,必有其事,意所在之事谓之物”(王阳明语);第三句讲何为良知,《孟子·尽心上》曰“所不虑而知者,其良知也”,意念发处,心之良知即知其为善为恶;第四句讲知行合一,为善去恶,体究践履,实地用功,实乃格物。这四句话完整表达了王学体系:心即理,致良知,知行合一。至此,中华道学完成了圆融神通的境地,天人合一真正落在了实处,并提升至天人化一之境,“和我”经“合我”上升为“纯我”。王学三论不仅是本体论的,也是方法论的,更是实践论的,三论合一才是中华道学的真髓。也就是说,中华道学不仅“合且通”,更是有心统摄,有心统摄的“合且通”才完成了它的主体性建构。

(2)中庸之道。

中庸之道是宇宙生命活动的法则。何为中庸?孔子说:“过犹不及。”中国人体悟宇宙为生命本体,那就自然强调中庸。因为中庸是生命活动的和谐状态和动态平衡的过程,而统摄操控这全部生命活动的是天地之“仁心”,即人之本心,中庸之道就是维护生命活动健康的法则,是宇宙和人的生命之辩证法。

人的生命活动达到高度统一的标志是做到心统性情，如此则本心彰显，天理人欲和合，办事就有良知，就做到了中庸；如果私欲蒙蔽本心，性情两分，天理人欲有隔，办事绝非公道，甚至会贪赃枉法，祸国殃民！所以，中庸之道是有心统摄、"合且通"之道，既是维护自然生态、社会生态、政治生态之道，也是养生防病、健全心智之道，确如世人所言，中庸不仅是"社会生理学"，还是"人类养生学"。所以说，中庸之道不仅是天地健顺之道、生态和合之道，更是身心修炼之道、家庭和睦之道、社会和谐之道、国家长治久安之道。

(3)理一分殊。

"理一分殊"思想是宋明学者提出来的，这是中华道学经过近二千年生生发展演变并在程颢提出天理说之后发明出来的。当时宋明学者对"理一分殊"侧重点有所不同。冯契先生说："朱熹讲格物穷理，侧重'分殊'，主张'铢分毫析'的分析方法；王阳明讲心外无理，侧重'理一'，把'理一'视为过程，主张'合一'的综合方法。"有学者说，王夫之对朱、王的理解都不以为然，认为朱熹"分析而各之"，而王阳明则"抟聚而合之一"，他主张"微言以明道"(《周易外传·系辞上传第五章》)，要"唯变所适"，而不是"穷理而失其和顺"。笔者不太赞成用西方分析与综合相结合的思维理路套用在宋明学者对"理一分殊"的理解上。事实上，朱学侧重"分殊(万物)"是为了格致"理一(天理)”;王学较重“理一”实是讲“心即理”以致格“万物(分殊)”的道理。二者是互补互济的。王夫之正是看清了这一点,会合二者,终成“理一分殊”之正理。

“理一分殊”的提出是本于宇宙生命本体论的。《周易》说“易有太极,是生两仪,两仪生四象,四象生八卦”,老子又说“道生一,一生二,二生三,三生万物”。二者讲的都是天地生生、“理一分殊”的意思。天道生生,但不可分,故北宋大儒程颢苦思冥想,体贴出“天理”二字,其弟程颐提出“性即理也”,到了朱熹集理学之大成,于是理学大兴。陆九渊提出“发明本心”“心即理也”的命题,至王阳明以“心即理”“致良知”“知行合一”集心学大成。朱熹的格物致知、穷理尽性与王阳明的致知格物、一体之仁成就大道生生、一体流通。无“理一”,何来“分殊”?无“分殊”,“理一”何存?二者是“理一”中有“分殊”,“分殊”本于“理一”,犹如大河之主干与支流,分殊与理一相依相通。

二、心

心者何?王阳明说只是一个“灵明”。用现在的话来说就是:心非人的某一个具体的器官,而是人的生命无限统一之谓,此与道乃宇宙无限统一之谓相通。人乃宇宙万物之灵明,心乃人与宇宙万物之主宰,宇宙万物之理通过人的实践活动而昭然;人心之灵昭不昧方可致天理于事事物物,故王阳明先生说:“心即是天,言心则天地万物皆举之矣!”心之体一也,一故神,无对无待也;心之用,通也,天地万物一体之仁,内外流通也。

(一)心统性情

“心统性情”是北宋大儒张载提出的,后世道学家皆赞不绝口。理学一派讲的多是这个命题的理本,心学一派则看重的是心体。前已述及理学一派关于这个命题的思想观点,本节侧重心学一派的看法。

1.性静情动,心之二维

无论理学一派还是心学一派都体认“性为心之理,情为心之动”的道理。性从何来,天命之也;情者何,性生之也。以中国人的看法,天地创生万物,生生不息,生而不言,为而不宰,是善之又善的,那么从本原来看,人性本善无疑。天地何以生生不息?性情之辩证开展之也。唯于人,则有“性为心之理,情为心之动”。这有三层意思:一是性者,心之理,心静之状;情者,心之相,心动之态。动静相随,心之二维、两态。二是人无性不立,无情不生;有性必有情,有动必有静;性,静极生动;情,动极而静。动静不二,刚柔相济,心行生生。三是情动有度,性情一体,无容间隙,性情“合且通”,情理明也;情动无度,失却理据,性情迷乱“分且隔”,私欲横行也;心本灵明,私欲蔽之则天理失,私欲去之则天理昭然;人能公而去私,乃成一体之仁也。故须时时戒慎恐惧,处处如履薄冰。

2. 心统性情，天人合一

本于上述三层意思，性由天命，情由性生，性情“合且通”，自是心统；心统性情，性情不隔，天人合一，大道行矣！

“（包牺氏）始作八卦，以通神明之德，以类万物之情。”（《周易·系辞下传》）伏羲虽是传说中的英雄，但我们坚信，脱去神话的外衣，说在远古时代有一位伟大的中国先哲感悟天地万物，始创八卦，其事迹代代相传延续至周文王演《周易》，应有根据。可以说，远在伏羲时代，人文精神就已经在中华民族的思想中萌芽了。后经千年人神创世之传说，西周文王之发展，孔孟之高扬，汉武之尊崇，魏晋之玄思，隋唐之激荡，始有宋明道学之大成圆融。宋明道学认为，天地万物皆有性，唯人禀天性之全，故人性通天地万物之性；人有性、情、心，性为心之理，情为心之动，心统性情，为天地之主，故心可致天理于事事物物，参赞化育，故人能弘道，此为天人合一之真谛。

3. 正心诚意，惟精惟一

儒家认为，诚者，天之道；诚之者，人之道。天地间，自诚而明者，道心也！道心惟微，惟精可明；人世间，自明而诚，人心也！人心惟危，惟一可诚；自诚而明，天理自然也，自明而诚，教化而然也；人心正、意志诚，道心明，惟精惟一，心统性情，允执厥中，天理流行矣！

（二）心之妙用

所谓心有妙用，是说心有三大特征：

1. 无我之我之灵明

笔者认为，中国人有比其他民族更健全的心智结构。笔者在《试论人的精神心理结构》（见拙著《心论集》，中国文联出版社2003年版，第42～69页）一文中，借用奥地利精神心理学家弗洛伊德的概念，论述了中、西、印三大民族不同的精神心理结构，比较研究的结论是，中国人的精神心理结构是"本我—和我—纯我"结构，这一结构图表明了中国人完整强韧而自我圆融的独特气象。

如果借用西方哲学概念分析认识中华民族的精神心理结构，那么，本我是精神成长的自在阶段，人的精神已经萌生，动物性的本能已不复存在，人的肉体生命达到了高度统一，即"合且通"，心智活动发生了；和我则是自觉阶段，即人的生命整体活动的辩证展开，是人的精神生命最为活跃的阶段，心灵与肉体、本我与自我的互动使人的精神活动上升到自觉的最高阶段即"合我"活动；纯我是自如阶段，这个形态的精神活动是融合了"本我"与"和我"精神活动成果的升华或曰创生。

所谓"无我之我"的精神活动还是一个灵明，在人的生命活动的最佳状态下，这三个形态的生命活动达到高度统一。"无我"是融合了"本我""和我"的"我"，是一种精神境界，借用老子的话就是，"无我之我"的精神活动好似"惚兮恍兮，其中有象；恍兮惚兮，其中有物"，澄明而灵明，入得静来可以亲证其状态，但只可意会不可言传；人的自觉活动所得都会不自觉地升华融入自如的"无我之我"的活动中。

2. 一统无限之妙用

“无我之我”的“我”其实就是“心”，天地之间人为心；人的全部活动，“心”为主；“无我”其实说的是“心”无对无待，但可“致格”操控所有。前面引朱熹的话“太极而无极也”，是说心有一统无限之妙用。这里有两层意思：一是心与天地万物相通；二是心统万物之性情。

所谓心与天地万物相通，古圣贤所论很多，如庄子曰：“天地与我并生，而万物与我为一。”故“道通为一”。王阳明说得更为明了：“心即是天，言心则天地万物皆举之矣！”清代戴震说：“人物受形于天地，故恒与之相通。”天地造化创生了人，方有人心与天地万物相通，心有一统无限之妙用。

所谓一统无限是就“理”上说的。天是性之原，性为心之理，尽心则知性，知性即知理；情自性出，情为心之动，尽性则类万物之情；万物之性尽在心中，朱熹曰：“性是未动，情是已动，心包得未动已动。”“感而遂通。”心统得性情，则事事物物之天理灵昭不昧矣！西方人立足实体本位和主客两分，讲矛盾事物的对立统一，在此基础上讲世界万物的普遍联系，从而把世界看作机械性的整体。中国人立足关系本位和主客合一，讲究你中有我、我中有你的普遍生生关系，没有什么东西是绝对分开的，而是可出入、可合一的，这样的生命整体是无限而有限的（无极而太极），即有心统摄、“合且通”的，此谓心之一统无限之妙用。

3. 内外一体之天理

这里所谓内外一体是天理是就身心上说的，人为天地万物之心，天人不二；心为天地万物之主，身心不二。故人是灵肉合一的至高生物，心为人的肉体生命的高度统合。

肉体生命是天地生生的物质统一体，眼、耳、鼻、舌、身是人与天地万物互动流通的媒介，也可说是人致格天地万物的不同方式，故心具本然之性和自然之性。宋儒提出“天命之性”（即本然之性）与“气质之性”（即自然之性），认为天命之性本善，气质之性有善有恶，可善可恶。人的精神活动是知、情、意生机整体的辩证统一，但张载只说“心统性情”而不说“心统知情意”。笔者理解，他大概认为性情二字已包含了本然之性与气质之性，即善与恶，也包含了未动已动。心统摄了性情，也即主宰了行善与作恶之机。心做主宰，天理良知灵昭不昧，主宰了动静，本然之性与气质之性不二，心之所发（意）所向（志）所行自然不违明德（善）；若是耽于情欲、私欲，蒙蔽本心良知（本然之性与气质之性“分且隔”），则其意、其志、其行自然为恶。

具体言之，人之本心具天地万物天理之全，但并非就是见到或接触到某事物，从心里自动拿出此事物之天理即可，不是中国人的思想。人与物接，心具致天理于此物之良知，而此物之天理必要人亲自格致而知其天理，如此心与物通，心所致之天理与格物所致事物之天理“合且通”，内外一体，天理昭然。分开来可如此说，于人的精神活动则是内外一体流通的，王阳明说的“体究践履，实地用功”，此其内外一体是天理之谓也！今人所说动机与效果的统一似即此义。

今人欲修身养性，须在格致正诚上下功夫：一是发明本心，破心中贼，以明明德，天理昭然；二是不离实践，即知即行，知行合一，以亲（新）民；三是反身而诚，慎独自省，戒慎恐惧；四是升华境界，淡泊养志，宁静致远，止于至善，实现人生价值。

三、“道”“心”圆融

“人心惟危，道心惟微，惟精惟一，允执厥中。”这16个字被历代学者们称为“十六字心传”，最早见于《尚书·大禹谟》。对其解释，历来纷纭，笔者赞同王阳明在《重修山阴县学记》中的阐释，他说：“夫圣人之学，心学也。学以求尽其心而已。尧、舜、禹之相授受曰：‘人心惟危，道心惟微，惟精惟一，允执厥中。’道心者，率性之谓，而未杂于人。无声无臭，至微而显，诚之源也。人心，则杂于人而危矣，伪之端矣。见孺子之入井而恻隐，率性之道也；从而内交于其父母焉，要誉于乡党焉，则人心矣。饥而食，渴而饮，率性之道也；从而极滋味之美焉，恣口腹之饕焉，则人心矣。惟一者，一于道心也。惟精者，虑道心之不一，而或二之以人心也。道无不中，一于道心而不息，是谓‘允执厥中’矣。”

此“十六字心传”，今人若用于修身，则可正心诚意；用于执事，则为精益求精；用于理政，则必实事求是；用于外交，则行协和万邦；用于治世，则能齐家治国。

（一）无限统一　一统无限

上面说过，北宋周敦颐提出无极而太极，朱熹很赞成，不过他只说了一半，朱熹补充了另一半，说："阴阳一道也，太极无极也。"（朱熹注《周易本义》）前者讲的是道，后者说的是心，这样中华道学就达到圆融神通的境地了。道至极有心，即人，无极而太极；心至极而无限，太极而无极。无极而太极，道行无限统一，天地万物定于一，即人道继之，太极而无极。心主宰天地万物，复归天道生生。有天道定于一，继有人道之万物皆备于我，参赞化育创生万物，一体之仁兴，形上之道与形下之器一体流通。

1. 格、致、正、诚、修、齐、治、平之内圣外王之道，在于心主、"合且通"

天道生生，万物兴焉；格物致知，天理明焉；性为心之理，情为心之动，性情一统，人心正焉，意诚发焉。若此，则身心兼修，家无不齐，国无不治，平天下可也！当今之世，西方以个体本位、张扬崇力哲学，行民主与专制二元政治，倡联邦国体，产生近世之科学繁荣、工业革命与资本制度，始有西式物质之文明，其哲学、政治、经济、宗教、历史、法律、艺术等无一不为科学理性所衍生。他们以科学理性为无国界、族界、阶级界之普世价值，强非西方国家所接受，并以武力推行其价值观。此与中华民族各正性命、协和万邦、兼济天下、以身示范、循情自生、助其自强大相径庭!笔者认为,以道为本的中华文化体现的才是真正的普适价值。

2. 无中生有,有中生无,无可无不可,真善合一的创新之道

中华民族是善于创新的民族,西方民族是善于发现的民族。创新无章可循,无法可依,是发自内心的自由想象力;它以生产生活之经验、技能、常识的学习、积累、传承、体悟而生发之灵感突现,创生原本没有的新物,即经验技术技能、生活生产器物,这些东西是真正的人化自然,是有中生无、无中生有的创新,符合天地之性和人性,是天地生生活动自觉自然的延伸。西方科学理性立足于主客两分、物质结构的分析,按照因果逻辑和实证方法,找出物质之间的规律性关系,形成原理、定理、公式、模型。这些东西原本就有,只是运用分析方法发现出来,再推而广之,形成科学知识体系,并运用科学理论转化为科学技术。这些东西有中生有,是在改变甚至破坏天地万物的基础上产生的。因此,笔者认为,这些东西如任其无节制发展,必将破坏人类的自然生态、政治生态、经济生态、文化生态以及人的身心生态,所以,必须为其找到一个符合人性的伦理之家,而以人为本的中华文化正可为科学提供这样的家园。

3. 天地人和谐互动,生生不息,永无止境

中华民族可谓人类历史上最早悟道得道的民族,主要表现在三个方面:一是始终认为并坚持人文精神,以人为

本，一以贯之；二是始终认为并坚持天人合一的精神，注重人与自然、人与社会、人与人之间的和谐；三是人类社会生生不息是天地生生不息的延伸与自觉，人道一统无限之用与天道无限统一之本和谐互动，永无止息，是中国道路永续发展的不竭源泉和动力。

凭借以上三点，中华民族具有引领自己、创新自己、发展自己的资质和品格。笔者认为，在当今世界上，中华文化是唯一的道本文化。中华民族以“心”统摄无限，故有无限的创新潜力，在新的历史条件下，正为构建一个和谐、崭新、美好的新世界而绘制生生不息的发展蓝图。

（二）道心为本　人心为用

大道生生，兹有天地万物之创生；伏羲一画开天，兹有中华民族之诞生。自此，天地人和合同行以至于今。中华民族的先人观天地人伦之序，悟道、得道，参天地之化育，法地、天、道、自然，创造举世无双之人文伦理社会，即人化自然、道化生活，成就家庭、社会、国家之治道。以下仅举三个方面：

1. 集权与分权

一个国家的治理离不开权力的分配，集权与分权几乎是永恒的主题。笔者认为，在这方面，没有哪个民族比中华民族处理得更好。道本于无，道生一或曰道生太极，讲的都是一，一生二，二生三，三生万物，多源于一，本于一，而一以多为用，所以儒家和法家都主张大一统，即集权。

但它们都不是绝对的集权主义,也主张分权:儒家主张以情理政,强调仁政;法家崇尚以刑理政,严刑峻法。

自炎黄时代,中国先民在家庭本位的基础上推行诸子析产制,推而广之,则有血缘一统封建制—宗法一统封建制—郡县一统封建制。西方社会本于个体本位,实行长子继承制,推而广之,则是以契约为纽带的自由民联合体或曰公民社会,形成了城邦制国家,君主专制或者共和民主是城邦国家的基本政体形式。为了自身安全,他们又往往以法律为基础联合起来,这就是联邦制国家的产生。根据国家宪法,联邦权力只局限在国防和外交等方面,各邦国独立处理自己的政务。与中国有心统摄、"合且通"的集权、分权形态相比,西言是没有中心、"分且隔"的集权、分权形态。

2. 礼乐传家,阳德阴法

笔者认为,中国历史上没有民主传统,也没有专制传统,有的是世界上独一无二的礼乐传统,而礼乐传统源于道。孔子曰:"夫礼,先王以承天之道,以治人之情。""夫礼,必本于大一。"(参见《礼记》)大一即太极,太极生两仪,故礼有德与法,德以治人之情,法以治人之行。用以治国平天下,儒家尚德治,法家重法治;儒家主张行仁政,动之以情,晓之以理;法家实行严刑峻法,依法治国。秦始皇重法家之术,统一六合,创郡县一统;然继行法制,二世而亡。汉初袭行秦制,改奉黄老之术;至武帝独尊儒术,实行阳儒阴法之策,即礼治方略。秦制汉略互为表里,成就两千多年郡县一统封建社会，汉唐、宋明、明清多有领先世界的盛世出现。

德与法，礼之两仪，心之内外，互补互济，一体之仁，“合且通”。无德主之法，无魂；无法辅之德，无实。故德治与法治，本乎道，成于礼。此与西方社会德法分立、宗教立德、世俗立法、德约人情、法治人为、两相“分且隔”有别。

3. 主持正义，霸王杂用

中华传统政治文化是以崇尚并实践仁义治天下的王道并辅之以武力、法律、权势的思想，这与阳德阴法的礼治方略一脉相承。二者的关系是王道为常，霸道是变。汉武帝时，行杂霸王道而用之策，成就大汉雄风。后世朝代多有承袭，并无很多改变，只是说法各异而已。

如果在郡县时代，杂霸王道而用之策是封建统治者治理国家的一体两面之术，那么到了新中国成立，毛泽东则以人民民主专政做了创新性发展。他在《论人民民主专政》一文中指出：“中国人民在几十年中积累起来的一切经验，都叫我们实行人民民主专政，或曰人民民主独裁，总之是一样，就是剥夺反动派的发言权，只让人民有发言权。”“这两方面，对人民内部的民主方面和对反动派的专政方面，互相结合起来，就是人民民主专政。”“我们对于反动派和反动阶级的反动行为，决不施仁政。我们仅仅施仁政于人民内部，而不施于人民外部的反动派和反动阶级的反动行为。”（《毛泽东选集》第4卷，第1480～1481页）这是对人民民主专政的最精彩、最深刻的诠释！运用于国际上，则中华民族只对那些平等待己之民族行王道，而对试图分化西化中国的敌对势力坚决不行仁政，坚决抗击之。

（三）以悟为本　知行合一

中华民族几千年生生不息的现实生活方式创生了独具特色、圆融神通的高深文化，同时也造就了中国人独特的精神活动方式，它不是知、情、意“分且隔”的方式，而是以情为主、三位一体的悟本精神活动。这种活动方式有下面三个特点：

1. 格物致知与致知格物的辩证统一

有学者用西方哲学概念套用在中华道学上，认为格物致知是中国人的认识论，致知格物则是实践论，这是大谬不然的。所谓格物致知，是在主客合一（格物）的前提下，求得对事物价值（天理）的“知”，这个知是体悟天地万物的一体之仁；所谓致知格物，是指致吾心之良知于事事物物。格物，即事事物物皆得其理，“是合心与理而为一者也”（王阳明语）。所谓良知，孟子曰“所不虑而知者，其良知也”，而王阳明说“吾心之良知”，即“天理也”。

格物致知在以格物体悟天理，即发明“吾心之良知”；致知格物，即以本心良知去格事事物物。格物，不可能做到事事物物皆“格”，只达到体认天理即可。朱熹明知道“天大无外，而性禀其全，故人之本心，其体廓然，亦无限量”，为什么还要今日格一物，明日格一物，直至顿悟天理呢？似应为了正心、诚意、修身，以推行齐家、治国、平天下的外王之道。王阳明说："心即是天，言心则天地万物皆举之矣！"那就不必事事物物皆格之，而径直致吾心之良知于事事物物可也！但他也知道"人心惟危"的道理，若能做到"致良知"，就要戒慎恐惧，小心私欲蒙蔽本心，这与朱熹并非二说。明儒湛若水说他们是一体两面，诚哉斯言！

格物致知与致知格物的辩证统一是人的精神活动内外一体流通的写照，性即理，心即理，性即心之理，情是性所生，心统性情也，可见吾心是统摄天地万物的生机活物，系灵明所在。因此，人的实践活动离不开心正意诚，如此方能成就今人所谓发现真理、认识真理、发展真理、检验真理的功用，达到真善合一，知行合一。

2. 以悟为本，悟、思、虑、行无间容息的精神活动

作为人的完整的精神活动，是全身心参与的活动。即主客合一的"格"，而非西方式的主客分隔的单纯的认知活动。他们也讨论人的精神活动，但无法解决经验表象、知性概念之间的关系，所以依靠人先验的创造性想象力综合出一系列先验构架，使二者形成一种逻辑关系。西方人的思维逻辑是"感性—理性—感性"或者"具体—抽象—具体"的"两次飞跃"论。但是，在中国人的精神活动中，"悟"解决了所有这一切难题，用现在的话语来讲就是"实践论"。中国人在不断的实践活动中，心之良知天理与物之天理豁然贯通，可谓悟、思、虑、行一悟贯通矣！所以，我们可以这样说：西方人的思维活动是"飞跃论"的，无心统摄，"分且隔"；中国人的精神活动是"贯通论"的，有心统

摄,“合且通”。

悟、思、虑是心智的活动,它们都从心,这些活动都集中在人的大脑中,展开于身体知、情、意的生机统一活动中,落实在人的行动中。人在复杂的悟、思、虑、行活动中,由心主宰,全部身心活动的统一指向决定人的实践活动,即人在不同的环境中,时空变化无穷,其身心活动不断调整而生发集当下诸变化于一之需要指向。总之,人的所有实践活动不是某一个器官(人们通常说的大脑也包含在内)的作用,而是受全部身心活动的统一生发出的意念和指令的驱动。

这样的精神活动具有无限的包容性和无限的创造力,它可以把看似不相容的任何事物统合在一起创造出新事物。历史上,中华民族已经创造出许许多多生产生活技术技能、器物工具。今天,面对西方人发明的众多科学技术,中国人照样可以会众合一、有(有有)中生无(有无)、无(有无)中生有(无无),创造出连西方人也意想不到的新事物来。

3. 即知即行,一体流通

“博学之,审问之,慎思之,明辨之,笃行之”出自《礼记·中庸》,是上述悟、思、虑、行的具体化,“博学之,审问之”是悟的活动之始;“慎思之”相当于思,是辩证思考活动,是悟的高级过程;“明辨之”是虑,是辨别是非,为善去恶,汇众统一,是悟的东西的明确化、具体化;“笃行之”就是认认真真地行动,扎扎实实地实践,做出成果。“博学之,审问之”到“慎思之”是形而下向形而上之“悟”,“慎思之”到“明辨之,笃行之”是形而上向形而下的“悟”,如此周而复始,积累传承,一统无限,无限统一,形成一个生生不息、不断创新的无限过程。

(四)横渠四句　不息不已

宋人张载曾发出“为天地立心,为生民立命,为往圣继绝学,为万世开太平”的伟大理想,这是宋明道学家们一种自信的表现。他们为中华文化达到圆融神通,为中华民族攀上人类思想智慧最高峰而自豪。但是,在郡县一统的家天下封建时代,他们只能空怀伟大理想,难有实现的可能。

1.“为天地立心”讲的是“立人”

《礼记·礼运》曰:“人者,天地之心也。”王阳明说:“人者,天地万物之心也。”清代段玉裁说:“天地之心谓之人,能与天地合德。”看来,讲人为天地万物之心是中国人一以贯之的思想。所以,“立人”是圣贤最为重视的。这个“立人”就是《大学》上讲的“亲民”即“新民”,培养有新人格的人,能与天地合德的人,只有这样的人才可成天地万物之“心”。用今大的话来讲就是“一个高尚的人,一个纯粹的人,一个有道德的人,一个脱离了低级趣味的人,一个有益于人民的人”(毛泽东《纪念白求恩》)。

2.“为生民立命”是说民生民享,安身立命

民生是物质生活质量,民享是精神生活质量;前者是衣食富足的需求,后者是精神充实的需要。二者合起来,

就是要活出人的尊严、人性的光辉来。《管子·牧民》中说“仓廪实则知礼节，衣食足则知荣辱”，后来司马迁在《史记》中引用这句话时将“则”字改为“而”字，说明司马迁意识到“仓廪实、衣食足”与“知礼节、知荣辱”之间只存在逻辑上的先后关系，即必要条件，而不是时空上的先后关系，即充分条件。这很重要，因为安身立命是人的生命活动的整体，物质的需求和精神的需要是一体之仁，物质需求中已经包含有人的尊严的需要，人的精神需要中也包含物质需求的满足，它们是有心统摄、“合且通”的关系。所以今天我们讲民生关怀，是包含物质、精神不可分开的两个方面。

3.“为前圣继道学”是复兴精神家园

“为往圣继绝学”是宋儒的看法。他们认为，儒家道统自孟子之后便“学绝道丧”，完全中断了，所以要努力恢复、继承、发展。其实，他们陷入了两个误区：一是以儒家学统为道统。儒家虽为正统学派，但也是一家之学，其学说流变只构成其学统而非道统；二是无论是就儒家学统而言，还是就中华道统而言，都没有“学绝道丧”“完全中断”。所以，笔者认为，与其说“为往圣继绝学”，莫若说“为前圣继道学”更合实际。

本篇所谓“道学”是中国的“哲学”，是一个关于宇宙观、人生观、价值观学问的“大家族”，儒、道、法、墨、阴阳五行、纵横、兵法以及农、工、医、商、天文、数术等知识技能体系的形上思想都可以归入道学大家族里来，它们是中华文化本体论的学说，是中华民族精神观念性的体现，它们是中华民族文化之魂、立世之本。中华道学以无为本，有无相生，生生不息，生成了自炎黄时代迄今五千多年的中华道统，它是中华民族生生之基，复兴之源。近代以来，中国共产党成为中华道学的创新者，是中华道统的传承者。党的十八大报告指出："文化是民族的血脉，是人民的精神家园。全面建成小康社会，实现中华民族伟大复兴，必须推动社会主义文化大发展大繁荣，兴起社会主义文化建设新高潮，提高国家文化软实力，发挥文化引领风尚、教育人民、服务社会、推动发展的作用。"并提出"建设优秀传统文化传承体系，弘扬中华优秀传统文化"的伟大历史任务。中国人民在中国共产党的领导下，一定能够构建起自己崭新的民族文化家园，无愧祖宗先贤，无愧后世子孙。

4."为万世开太平"讲的是治国平天下的治道

"万世太平"是我们的祖先追求的大同理想社会。这样的社会能不能实现？笔者认为这并非空想，它与马克思主义的共产主义理想社会不谋而合。中国人立足于人文精神而提出的大同社会和马克思建基于社会生产力发展而描绘的共产主义社会可谓殊途同归。

中华民族是一个悟道得道的伟大民族，中华民族创建的是一个生态型社会，其"心"就是天地自然。

天下定于一，一故神。这个"一"是宇宙生生之道，在地球自然环境中是人，人是今天所知宇宙中高贵的生物，拥有禀天地万物之性的心。中国人自觉到这一点，创造了以道为本实际也是以心为本的文化以及天下定于一、“合且通”的社会形态。

中华民族创建的社会是以礼治国的形态，诚如孔子所说：“夫礼，先王以承天之道，以治人之情。”礼，承天之道，故有大一统；治人以情，故有封建，合二而一，则有一统封建之制。自炎黄迄清，一统封建之制一直延续，说明其乃承天之道，合乎世情。

20 世纪，中华民族经历了血与火的洗礼，站在自己民族文化的雄厚根基上，消化吸收外来文化，创造出新的历史时代民族振兴、文化发展的道路。展望 21 世纪，中国人民在中国共产党的领导下，沿着“中国道路”，为实现中华民族伟大复兴的“中国梦”而奋勇前行。

西学东渐，原产于西方的哲学、自然科学和社会科学为我们治国理政、强国富民提供了新方法、新技术，如量化管理、精密加工、标准作业、逻辑分析、数理统计、基础研究、实证方法、社会统计、体制改革、人口管理等具体操作的理论和方法；而中国人以人为本的价值取向总是以宽厚包容、借鉴吸纳的态度对待外来文明。中国人不仅化西方的科学技术于本民族文化整体中，给科学技术一个伦理家园和道德归宿，而且必定以自身的创新发明优势再次给世界惊喜，为人类谋福，开辟出一片崭新天地！

为天地立心，为生民立命，为前圣继道学，为万世开太平正在实践中，它们是中华民族历史命运所在，是中国人民历史使命所在，是构建和谐世界的历史大任所在！

争鸣篇

“封建”新论

“封建”一词，是近百年来国人谈之色变、憎恶至极的词汇，因为它与当今可说出来的罪恶关系密切，比如“封建迷信”“封建专制”“封建压迫”“封建剥削”以及“人吃人”“吃人的宴席”“愚昧”“落后”等等，简直就是一切罪恶的渊薮！西方中世纪有的，中国“封建社会”都有；西方中世纪没有的，中国“封建社会”也有；西方中世纪有的罪恶，中国要比它们厉害得多，可以说无所不达其极！

但事实果真如此吗？笔者认为，非也！中国古代多有盛世，自西周以至明清三千多年，和平稳定的生活长达两千多年；而西方自古希腊以至二战前也是三千多年，但差不多有两千年处在战乱、瘟疫之中。二者着实不可同日而语。中国古代创造出了绝大多数的自然知识、生产生活技能、器物、工具，引领世界长达 15 个世纪之久；中国古代创造了无数的哲学(即道学)、史学、文学、艺术、法律、宗教等典籍……这些人所共知的历史事实,不再赘述。本文仅就"封建"这个被误读一个多世纪的概念做一番拨乱反正的工作,还"封建"以公正！笔者以此文奉献学界,以期展开讨论,并为共建中华传统文化可传承的体系而努力!

虽说"封建"一词妇孺皆知,但是,作为一个概念,恐怕没有哪个历史学概念比"封建"这个概念给人们造成的混乱更大的了,以至于有些学者力图还其本原含义,最后却仍下意识地落入近代以来人们习以为常的认识陷阱之中。故本文试图以新的视角对"封建"概念进行探讨,以与学界同仁商榷。

一、世界历史上国家形态的两大类型：单一制与复合制

(一)西方人是单一制与联邦制的始作俑者

15 世纪以后,西方国家先后进入近代社会,便开始了向全世界的扩张,一些国家逐渐沦为西方国家的殖民地和半殖民地。

当西方人凭借其手中的坚船利炮在世界各地横冲直撞并打开一个又一个堡垒时,他们看到的是所谓原始、野蛮和低劣的种族、民族和国家形态,于是假以考古实证,以西方中心主义社会历史发展模式构建了其世界历史发展

学说和国家政治学说,并把这些学说作为普适性真理宣传推广,强迫他国接受。他们以傲慢的心态把西方世界存在过或者正在实行的国家类型划分为两大类,即单一制和联邦制。

最先提出这两种国家形态的西方人当属法国18世纪上半叶的启蒙思想家孟德斯鸠。他在其《论法的精神》一书中,在着重阐述法与国家各种政制关系时指出:“一个共和国,如果小的话,则亡于外力;如果大的话,则亡于内部的邪恶。”“这两种难处,就是民主国家和贵族国家也不能避免,不论这些国家是好是坏。这种弊害出自事物的本性,不是任何法制的形式能够医治的。”“要是人类没有创造出一种政制,既具有共和政体的内在优点,又具有君主政体的外在力量的话,则很可能,人类早已被迫永远生活在单人统治的政体之下了。我说的这种政制,就是联邦共和国。”“这种政府的形式是一种协约。依据这种协约,几个小邦联合起来,建立一个更大的国家,并同意做这个国家的成员。所以联邦共和国是几个社会联合而产生的一个新的社会,这个新社会还可以因其他新成员的加入而扩大。”([法]孟德斯鸠《论法的精神》第2卷,第130页)

从上述引文可以得出以下三点:

第一,单一政制的国家——无论是共和政体的,还是君主政体的——都是人口较少、领土较小的国家,如古希腊、古罗马时代的城邦国家以及近代西欧的一些小国。

第二,联邦政制共和国组成的依据是具有法律效力的协约。

第三，归根到底，建立更大的联邦共和国的哲学依据是古希腊人构建的实体本位与外在关系说的逻辑组合。

而以上这三点与中华民族几千年来的治统不合。首先，在中国历史上从未产生过小国寡民型的单一政制共和国或君主国；其次，中国西周时代实行封土建侯政制的依据不是协约，而是血缘宗法（后面还要详述）；再次，从中华民族精神活动的理路上看，中国之所以能够由小到大拥有广袤的领土，由少到多拥有密集人口，成为举世少有的国家，关键是以生机关系为本位，注重整体和谐的生生之道。

孟德斯鸠从未到过中国，不了解中国的情况，当然也就难以理解中国传统的治国之道，只是根据道听途说的一些琐碎信息，便轻率地把中国纳入到他所建构的法的精神逻辑中。他不仅把中国作为单一制的庞大君主国，把中国传统政体说成是专制政体，而且通过阅读一些前此来华的传教士写的书，凭借一些支离破碎、猎奇偏颇的资料就写下不少文字，妄下论断，闹出许多自相矛盾的笑话！当年，伏尔泰对孟德斯鸠关于中国专制主义制度的说法很不以为然，认为比起当时西欧社会的专制主义，那么中国的专制主义不应称为专制主义。

（二）封建制——世界历史上复合制国家的另一种形态

1. 中华民族是封建复合制国家的创始者

世界之大，国家之多，大体说来，其构成的形态有两大类,不是单一制与联邦制,而应是单一制与复合制。所谓复合制国家,是因其构成之内在机制不同又分成两种情形:一是联邦制的构成机制,正如孟德斯鸠所说,依据契约而由若干较小之单一国家之外在组合而成;还有一种虽然国土庞大、人口众多,却既非孟氏所谓单一制国家,亦非联邦制国家,而是依据生生不息机制逐渐成长起来的大一统的封建制国家,比如古代中国。这样的国家是一个生机整体性的复合制国家,其外在形制酷似单一制国家,而其内在结构则似联邦制国家。正因如此,孟氏以其酷似单一形制,说它是专制政体,而又以其内在结构类似联邦制,又把自己所说的联邦制的某些所谓优点套过来。其逻辑上的自相矛盾就在于以西方中心主义原则作为研究的出发点。

2. 西学东进的影响

19 世纪下半叶,随着西方列强打开古老中华的大门,西方学术思想也进入中国大地,不少西方的学术著作开始在中国翻译出版,其中就包括孟德斯鸠《论法的精神》一书。自戊戌维新至民国,就有张相文将日人何礼之由英译日再译成中文的《万法精神》的版本,有 1900 年至 1905 年左右严复翻译的书名为《法意》的版本。这两个版本因其错漏较多,引发不少混乱。1949 年在巴黎由卡尔涅兄弟出版社出版的《论法的精神》法译本是直到今天还在使用的版本。这个版本纠正了前两个版本的一些错谬之处(参阅张雁深译《论法的精神》之《关于译本的简单说明》)。

虽然在翻译此书的过程中出现过这样那样的问题,但此书对中国传统社会的性质和国家形制的论断越来越明晰地被中国人所广泛接受,即中国是一个君主专制独裁的单一制大国。

3.“五段”史论的影响

如孟氏所说,中国是一个领土广袤、人口众多、君主专制的单一制大国,那么,这样一个大国是如何治理的呢?20世纪上半叶,中国历史的“五阶段论”说兴盛。大致上说,三皇五帝时代是原始社会,殷商时代是奴隶制社会,西周至清末是封建社会(其实,关于奴隶社会与封建社会分期问题的讨论,分歧之大、争论之激烈,至今仍无定论),1840年鸦片战争至1949年中华人民共和国建立前是半封建半殖民地社会,1949年新中国诞生至今是社会主义初级阶段。笔者认为,这个以经济形态划分社会历史阶段的理论是有漏洞的、矛盾的。这应是“封建”一词滥用所致。

先是孟德斯鸠把中国定性为单一制的君主专制国家,继之是“五种社会阶段论”被强加在中国历史身上。虽然有一些学者对此不能赞同,但又拿不出令人信服的适合中国历史实际的学说。于是,与此相关的混乱接踵而来,如东方专制主义论、亚细亚生产方式论、超稳定社会结构论、中国封建社会长期延续论……都成为研究中国历史发展形态的论调,不仅造成国人思想的严重混乱,而且还使中国的史学研究处于画地为牢难有突破的窘境。

4. 千年迷思,拨误返真

武汉大学冯天瑜教授在其《清人对“封建”的两种评

议》一文中指出："自公元前3世纪，秦始皇在宫廷主持由丞相王绾的'复封建'、廷尉李斯的'废封建'为两极的'封建辨义'以降，辩论'封建制'与'郡县制'孰优孰劣的'封建论'，成为中国古代政论的一大题目。这种'封建论'的前提，是把'封建'确认为'封土建国'，以西周为典范，秦以后则变'封建'为'郡县'。"

冯先生的话确实道出了一个事实，即"封建制"与"郡县制"孰优孰劣的"封建论"成为中国古代政论的一大题目，紧接其后的汉人、唐人以至清人都有过讨论。汉初，还曾对二者做过实践上的探索。唐人柳宗元专门写了一篇文章《封建论》。清人顾炎武、黄宗羲、王夫之等经世大家对其更有深刻的探讨（参阅冯天瑜《清人对"封建"的两种评议》）。

但遗憾的是，自秦代以至清代的两千年间，中国学者对此题目的讨论不经意间陷入了伪命题的迷思。柳宗元的《封建论》和清人的辨义虽有走出迷思之冲动，但最终还是难有突破。

笔者认为，所谓"封建"，只是中华民族自古已然的治国方略，诚如柳宗元所说："彼封建者，更古圣王尧、舜、禹、汤、文、武而莫能去之。盖非不欲去之也，势不可也。"（《封建论》）

由是观之，柳氏认为，封建者并非西周而然，乃始于生人有初之时，即早于尧舜无疑。那么，彼封建者，似应与更早之农耕民族之父系氏族家庭对土地等财产的分工管理相关,然而亦如柳氏所言:"夫尧、舜、禹、汤之事远矣,及有周而甚详。周有天下,裂土田而瓜分之,设五等,邦群后。布履星罗,四周于天下,轮运而辐集。合为朝觐会同,离为守臣扞城。"

虽然有周之封建甚详,但有三点应注意:一是西周封建乃承袭尧、舜、禹、汤之封建,有损有益,逐渐完善;二是西周封建是以血缘宗法为据而封土建侯;三是西周封建是为了维护天下一统而设。西周封建的内在前提是"我的附庸的附庸仍是我的附庸"的血缘宗法原则。柳氏不明其理,将周之乱归于封建而非宗法,李斯也是犯了同样的错误。之所以会犯同样的错误,应是古之先贤对中华血脉传承之族统的重视、维护,将封建(治统)与宗法(族统)割裂开来使然!而清人囿于此迷思之中难有突破,亦应作如是观。

由是观之,笔者认为,秦始皇的贡献,不仅在于统一文字、度量衡、道路等,还在于以地域为纽带的郡县封建制取代以血缘为纽带的诸侯封建制,以家族内的父子皇位世袭制度取代宗法制度下的世卿世禄制度,以等级官僚制度取代等级贵族制度。简言之,以封土建政取代封土建侯,而三代所行之血缘宗法制度则嬗变、升华为宗法伦理道德,成为秦汉至明清两千多年的主要意识形态。

5. 中西封建辨义

由上述所论,笔者认为,"五四"新文化运动以来,中国的某些西化派文化精英照搬西方社会历史发展模式,将

"feudalism"误译成"封建主义",并生硬地套在中国社会的历史发展上,造成了极大的混乱。笔者曾在《科学与人文札记》一文中对中西方的"封建"概念作了辨析,意欲拨乱反正之。兹录如下:

……柳宗元论封建,上溯生人有初,即尧、舜、禹、汤,及周之文、武,此封建之论为社会治理之方略,而非如西方中世纪之社会性质之界定,故其时限应超越了特定历史时期,它成为中国(古代)独特的国家治理方略。西方中世纪的封建是与中央集权对立的一种前现代政治结构,这种政治结构(feudalism)是建立在feudal(即契约、协议)的基础上的,而中国之所谓"封建"的"封"字,其原意是"界限"的意思,与土地有关。所以在中国,"封建"就是把国土分成若干块,由中央或按宗法或以官阶派到各地行政,从未出现过西方契约、协议性的"feudalism",即使是在短暂的分裂割据时期,仍然存在一个中央政府,地方割据政权往往也不敢公然对抗中央。

总之,一个是以家庭为本位、以农耕生活为主的生机社会,在土地的诸子析产的长期实践中,通过化俗为习、化习为制的渐进演变过程,形成了一整套以"礼"为本的血缘宗法制度,即国家治理方略——封建制;另一个是以个人为本位,在社会分工、产品交换的基础上,通过化俗为习、化习为法的社会变革过程,形成了以"法"为主体的阶级统治制度,而"feudalism"正是西方中世纪以契约、法律为依据，以地域为纽带形成的领主制社会。

二、封建制是中国古代社会一以贯之的方略

在中华民族生生不息的几千年悠久历史中，曾经历过众多方国、城邦、部落、村落的相互接触、交往、交流，不断聚合离分，逐渐由小到大。其间，一些风俗习惯渐渐固定下来，并形成了一整套齐家、治国、平天下的政治方略。

1. 治国之道与治国之术

中华民族是世界上最早悟道得道的民族，其治国之道本于齐家之道的体悟与延伸。前已述及，中华民族不会晚于距今五千年就已过上了稳定的以家庭为本位的农耕生活。中国先民以天地、阴阳为太极，太极而生两仪，反观于家庭，则有夫妇、父子为家族生存繁衍之本，所以诸子析产而非长子继承遂成生活习俗，及其后之部落、方国大行井田之制，后世皇朝多行均田之策，应是其自然演化、蜕变之结果。柳宗元所谓“势”使之“封建”即由此推衍开去而上升为后世治国、平天下之术。不过，“封建制”经历过两次变革：一次是由禅让制转变为宗法制；另一次是由宗法制转变为郡县制。前者是由部族外的君位推选制转变为宗族内的世卿世禄制，诚如钱穆先生所说：“大抵尧、舜、禹之禅让，只是古代一种君位推选制，经后人之传述而理想化。”（《国史大纲》）而后次变革则是由宗族内的世卿世禄

制转变为家族内的世袭制。但无论是族外禅让制，还是族内世卿世禄制，抑或是族内世袭制，皆不离天下一统、血脉相通、封土建政（侯）的一以贯之之道。

2. 治国方略与社会制度

诚如上述，封建制是中国古代治理国家一以贯之的政治方略，但这并不意味着中国社会漫长的历史发展没有制度上的演变，它是随着家庭形式的变化而呈现出国家形制的改变。封建制则与中国社会历史发展之不同制度适成表里：表者，封（土）建（政或侯）制也；里者，部落禅让制（礼俗社会）—宗法贵族制（礼制社会）—集权官僚制（礼治社会）也。封建之治国方略与上面之不同国家形制的有机合一正是中国所独有的治理国家之道。如果从生机整体上看，那么中国历史经过了“部落一统封建制—宗法一统封建制—郡县一统封建制”三个历史阶段，比西方社会自古就有单一制和联邦制的两种传统国家形制还要悠久。中国自古就有封建一统的传统国家形制，正如西方社会自古就拥有专制政体和民主政体两种传统，中国则只有“礼”这一种传统。

3. 礼为体，封建为用

自古以来，中国人用以修身、齐家、治国、平天下的“礼”究竟为何物？笔者以为，下面这三条可知其大概：第一，礼者，本于大一。第二，礼者，理也。第三，礼之用，和为贵。

《礼记·礼运》有言：“是故夫礼，必本于大一，分而为天地,转而为阴阳,变而为四时,列而为鬼神,其降曰命,其官于天也。”何谓大一?应该就是《易经》之太极或《道德经》之道,这些是礼之本。而荀子说得更明确,他在《礼论》中说:“礼者,人道之极也。”“礼有三本:天地者,生之本也;先祖者,类之本也;君师者,治之本也。无天地,恶生?无先祖,恶出?无君师,恶治?三者偏亡,焉无安人。故礼,上事天,下事地,尊先祖,而隆君师。是礼之三本也。”荀子的话早于《礼记》。分而言之,礼本于天、地、人;总而言之,本于大一。

“礼者,理也”的话见于多处。《礼记·仲尼燕居》有曰:“礼也者,理也。”《礼记·乐记》篇也说:“礼也者,理之不可易者也。”《礼记·正义》解释道:“理,道理。言礼者,使万事合于道理也。”可见,礼是万事万物之理的总称,有分有合,合之即道,分之谓理,后世宋儒发明的天理乃一脉传承。

礼求万事万物合于道理,目的在于求得自然、社会、人伦等方方面面的和谐,各正性命,各得其所,所以孔子说:“礼之用,和为贵。”《礼记》开宗明义:“道德仁义,非礼不成。教训正俗,非礼不备。纷争辩讼,非礼不决。君臣、上下、父子、兄弟,非礼不定。宦学事师,非礼不亲。班朝治军,莅官行法,非礼威严不行。祷祠祭祀,供给鬼神,非礼不诚不庄。”由此观之,礼的作用实在是非同小可!

为什么强调“和为贵”?荀子给出了答案:“人何以能群?曰:分。分何以能行?曰义。故义以分则和,和则一,一则多力,多力则强,强则胜物……”这与孟子所说的“天下定于一”的思想是一脉相通的,即都认为:家定于一则和,国定于一则强,天下定于一则安。

综合上述三点,可以见得“礼”作为中华民族治理国家的方略实是源远流长,凝聚着中华民族的大智慧。由此又可得出三点:第一,礼,以仁为体,以法为用,德法不二;第二,国,无礼不正,无法不治,礼法一也;第三,礼重分别,以序四时、裁万物、兼利天下,荀子说“知通统类”,即“知统类而一制度”。这些思想正是《礼记·正义》所云:“礼者,理也,其用以治,则与天地俱兴。”由此观之,尊礼则天地人通,明礼则百事顺,循礼则有封建。这是顺天地人群之情、化家庭人伦之序而为国家政治制度的一种自然历史过程,其通贯古今而不辍。

中国之行封建,本于礼;西方之结联邦,定于法。极而言之,礼之行,则能人和政通,封建立,则可政通人和,其特质是天下定于一,有心统摄,合且通;西方依法联邦,个体本位,机械整合,可聚可散,其特质是无心统摄,分且隔。

首先,礼本于大一,以其治理天下,则合天人、通古今,具无限整合力,其封建之用亦复如是,分而有合,别亦相通,上下一体,知通统类;知统类而一制度,即封建制,这个“一”不仅是天下一统的“一”,也是古往今来一以贯之的“一”,是“宙轮于宇”的生命本体的“一”。其次,礼化之法是与时俱变的,夏之前是礼显法潜,礼行法蒙;夏商周春秋战国有礼有法,“法屈于礼”;秦汉以后,礼法融合,法定而礼申。钱穆先生说:“先秦以上,法制初兴,而屈于礼。两汉之际,礼法抗行,至其后,法定而礼黜,其演变大略如是。”笔者赞成钱先生这句话的前一半,后一半则不敢苟同。因为在中国历史上,无礼法相抗之世,也无法定而礼黜之时。再次,封建之内涵也是与时俱进的,它曾经有过“封土建家(村落定居)”、“封土建族(部族禅让)”、“封土建侯(宗法分封)”、“封土建政(郡县一统)”四种相沿相续的演变。封建制本于顺天时之便、察地理之宜、明人群之分,成就各得其所、和而不同之势,诚如《易经》所言:“乾道变化,各正性命,保合太和。”其与外邦的关系,则以《尚书·尧典》所说之“协和万邦”而构建和谐世界,逐渐走向世界大同。

析"疑古思潮"

——兼评"古史辨派"

一、西学东来，实证主义考古方法风靡东亚

19世纪中叶，西方人仰仗其科学技术，以坚船利炮开道，开始了向东亚的进军，接连打开了一个又一个自主发展的民族国家。像在世界其他地方一样，每当攻克一个堡垒，西方人的足迹就会走遍各地研究该国的历史文化、风俗习惯，而考古则是其文化侵略的重要组成部分和手段。

西方人将实证主义科学方法运用于考古，以所谓价值中立为原则，以出土文物为据，对这个国家的历史进行研究。这个所谓价值中立的科学方法欺骗了很多国家的人

民,他们在相信了其考古方法的同时,也顺其自然地相信了其价值中立原则。这种信任给全世界特别是东亚国家的民族文化带来巨大冲击,以致今天仍难以消除其影响。

事实上,在西方,自然科学与其实验方法在18世纪渐渐成为人类衡量一切真理的准则。当然,其考古学实行的实证主义科学方法无疑也成为西方人衡量历史真相的唯一方法。其实,考古学的实证方法并非"科学",而是带有浓厚的因果独断论色彩,他们只相信出土文物,置其他文献资料于不顾,因此难以认清历史的真相。

美国人所写的《历史的真相》有言:"科学丧失了原有的无邪,它不能被称为不讲主观价值了,反之,它被看作是用价值观编造出来的。"实乃信言也!人所共知,当西方人走向世界之前,他们通过对自己历史的考古研究,已经有了成熟的西方社会历史发展规律的认识,并按照自己的价值观把这种规律性的认识作为经典理论强推向世界。清华大学葛兆光教授在其《中国思想史》这部著作中就指出:"……一种乐观主义的、普遍主义的人类历史观念正笼罩着所有来自西方的研究者,他们普遍持有这种'人类出于同源'的自信,也普遍持有这种'历史存在规律'的信念,他们不相信空间的差异会构成文化差异,却认为文化的不同只是历史时间的不同。现在看来,在这种自信的观念背后当然潜含着西方中心主义,但是在那个时代,这似乎是不言而喻的。"(《中国思想史》第1卷,第10页)此言正确!笔者认为,西方考古学家孜孜于野外考古,就是为了抹杀历史空间的差异带来的人类文化的不同,为文化的不同只是历史时间的不同进行论证,以便为西方文化的先进性和西方中心主义做证!

二、脱亚入欧,日本人试图以西法对中华文化"掘根断脉"

明治维新后,日本脱亚入欧,自认为是西方国家的一员。在西方列强万里迢迢来到东亚续写自己的殖民主义历史时,日本人凭借其地利之势力图开新篇谱新曲。它首先瞄准的对象就是中国。为了寻求侵略、霸占中国的所谓合理性根据,日本接过西方的考古学,试图用实证理性掘断中华文化之脉!在这方面最为卖力的有两个日本人:白鸟库吉和内藤湖南。

白鸟库吉(1865—1942),日本千叶县人,是那珂通世的学生,而后者正是日本疑古学派的始作俑者。1909 年 8 月,白鸟库吉在东洋协会评议委员会上讲演,提出"尧舜禹抹杀论"。白鸟库吉像他的老师那珂通世一样,"以西洋之法治东洋之史",强调科学化、实证化,打出据实论史的旗号,声称中国上古史无据可查,所谓圣王尧舜禹皆是传说,故不可信。

内藤湖南(1866—1934),日本秋田县人,中国学京都学派创始人之一。如果说白鸟库吉以其"尧舜禹抹杀论"的"轩然大波"揭开日本疑古史学的序幕,那么继承与发展这个思潮的就是内藤湖南等人。内藤湖南于1921年、1922年和1923年分别发表了《尚书稽疑》《禹贡制作的时代》和《易疑》等文。他在这几篇文章中提出并运用了“加上”方法，为那珂通世、白鸟库吉等人的疑古论制定了方法论原则。1925年，内藤湖南在题为《大阪的町人学者富永仲基》的演讲中首次将自己的理论称为“加上原则”，完成了疑古史学体系。（以上内容详见张京华《顾颉刚与崔述的学术关联》，《洛阳大学学报》2002年第3期）

一直以来，世界史学界标榜所谓史学研究的“价值中立原则”。而日本这个“脱亚入欧”的新客更是把价值中立原则挂在嘴上，以便把他们掘中华民族之根、断中华文化之脉的真正意图披上一件科学合理性的外衣。事实上，笔者认为，所谓科学实证方法的中立原则从未存在过。差不多与上述几个日本学者同时代的德国学者马克斯·韦伯曾经说过：“既然没有一套普遍被接受的价值系统存在，各人只好参照自己的价值排列尺度。史学家们不断对历史做出新的解释，正是因为他们总是在参照不同的价值。”“鉴于此，虽然有人主张韦伯把价值从科学研究中排除掉了，然而，很明显的是：韦伯认为事实是经由价值参照拣选出来的。”（参见钱永祥译《学术与政治》）发现科学方法的欧洲人尚且对价值中立持否定态度，那么笃信“绝对矛盾的自我同一”哲学观念的日本人就能超越自己的老师吗？答案是否定的。明治维新后迅速崛起的日本迫不及待地要寻找自己的生存空间，而正处在衰落困局的中国必然成为它的首选，疑古思潮就是日本理直气壮地走出国门侵占他国的“中立”外衣！如果我们探究一下日本疑古派所作的研究，就会对他们的动机一目了然。

白鸟库吉于1909年前后由研究朝鲜史等转向中国史，开展调查，其目的就是要否定中国自古就是多民族统一国家的事实，妄图掘断中华民族之根。而内藤湖南更是对中国上古史任意加以怀疑，运用所谓“加上原则”进行“科学的实证研究”，为白鸟库吉的“尧舜禹抹杀论”论证，实际就是要断中华文化之脉，妄图以日本为东亚文化之中心，为其日本军国主义制造舆论。

当年日本的疑古派还有津田左右吉、桥本增吉等人，但大致可分为那珂通世—白鸟库吉—内藤湖南三个发展阶段。综上所述，日本疑古思潮绝非持考证求实的客观立场，而是有其军国主义侵略价值作为支撑的。

三、日学中用，疑古思潮助推“全盘西化”论

20世纪二三十年代在中国掀起的疑古思潮与当时日本的疑古思潮有无关系？有人否认其内在关联，笔者则毫不怀疑其相互借鉴、相互推动之关系。理由有如下三点：

在日本发起疑古思潮的时间是20世纪初。1902年，日本《史学杂志》第13期第7号发表了那珂通世（1851—1908）的《考信录解题》，他在其中欣喜地说：“计经史百家之书，鉴定其新古，甄别其真伪，我国人虽望竟其业，幸赖

此书,得省其劳。东壁所斥者,为俗传,为伪古书,为圣人之道。圣人之道,暂且不论,对古书古传再中研究的话,对于我们了解西邻古代开化的真相,就可事半功倍。"1903年4月,那珂通世又校点出版了《崔东壁遗书》。经此一番苦心,那珂通世给日本疑古思潮提供了所谓重要的思想资源。所以,说其是始作俑者恰如其分。

1909年,白鸟库吉在东洋协会评议委员会上提出"尧舜禹抹杀论";1921年、1922年、1923年,内藤湖南已经运用"加上原则"为"尧舜禹抹杀论"等疑古观点作论证,而于1925年正式提出"加上原则"。

在中国,最早发起疑古思潮的当属顾颉刚先生。1923年4月,胡适发表《科学的古史家崔述》一文;顾颉刚于1923年5月发表《与钱玄同先生论古史书》,并提出"层累地造成说"。此说比那珂通世出版的《崔东壁遗书》晚20年,距白鸟库吉提出"尧舜禹抹杀论"晚14年,而比内藤湖南运用"加上原则"略晚。前此,与顾颉刚关系密切的钱玄同(1887—1939)曾于1906—1910年赴日本早稻田大学留学。作为一个激进的青年学生,钱玄同对当时日本风头正盛的疑古思潮不可能毫不知情。回国后,钱玄同与顾颉刚过从甚密,肯定会谈到如此重要的学术思潮。比如,1920年,钱玄同就曾与大学刚刚毕业的顾颉刚讨论过经学今古文的问题。而胡适则于1921年2月托日本的青木正儿购买《东壁遗书》未果,也足以说明中国的疑古思潮与日本的疑古思潮之间的渊源。

1910年,钱玄同在日本留学四年后回国;1917年,胡适在美国留学七年后归国。胡适是杜威的学生,崇信实用主义哲学,归国后他提倡“整理国故”,提出所谓“大胆假设,小心求证”的科学实证方法,钱玄同甚为推崇,与胡适交往甚密。事实上,胡适、钱玄同、顾颉刚三人正是疑古思潮的发动者,诚如钱穆先生所说:“《古史辨》不胫走天下……三君者(胡适、钱玄同、顾颉刚——引者注)或仰之如日星之悬中天,或畏之如洪水猛兽之泛滥纵横于四野,要之凡识字之人几于无不知三君名。”

日本明治维新后国势日炙,一些具有先进思想的中国人开始向自己的东邻学习。戊戌变法失败后,很多学子去日本留学,也有不少日本学者、留学生到中国交流、学习,一些思潮其中也包括疑古思潮等通过这些人员的往来而传到中国是很自然的事。在这些往来的人员中,包括章太炎、黄侃、钱玄同、李大钊、周树人(鲁迅)、周作人等,而钱玄同是提倡疑古思潮最激最力者。

疑古思潮能够在中国“不胫走天下”,与新文化运动全面反传统、全盘西化的时代背景也有密切关系。诚如钱玄同所说:“我再大胆宣言道:欲使中国不亡,欲使中国民族为二十世纪文明之民族,必以废孔学、灭道教为根本之解决,而废记载孔门学说及道教妖言之汉文,尤为根本解决之根本解决。”20世纪20年代初主张“多研究些问题,少谈些主义”的胡适说过,东周以前的历史没有一个字是可信的。他屡屡鼓励顾颉刚“宁可疑而过,不可信而过”。疑古派的领军人物顾颉刚更是说得明白："以是知辨伪思想，无代蔑有，特为不适宜之时代环境所压折，乃若有时有、有时无耳。予若不处五四运动时代，决不敢辨古史；即敢辨矣，亦决无人信，生不出影响也。适宜之环境，与少年之勇气，如此其可宝贵也。"（《顾颉刚读书笔记》）

综上所述，笔者认为发生在20世纪二三十年代的疑古思潮是由日本学人发起的波及整个东亚的一场思想学术运动。值得指出的是，"疑古"是一股思潮，不是一个"物件"，其传播无所不能、无所不通；而当年日本掀起此思潮的是本国一些"脱亚入欧"的精英分子，在中国接手而后起的也是一批西化的精英分子，因此，日、中疑古思潮的前后兴起没有关联或联系不大是不能令人信服的。这场运动于"二战"后在日本已经式微，而在中国绵延至今已将近一个世纪，仍有重要影响。

追本溯源，日本人掀起的疑古思潮是受18世纪清代的一位文人及其著作的启发，这个人名叫崔述。

崔述（1740—1816），河北大名人，字武承，号东壁。其著作《东壁遗书》由门人陈履和汇刻，内以《考信录》最令学者注目。崔述死后，此书在中国"传矣而不广，存矣而不著"（钱穆语），但在日本被那珂通世看中并为之断句重印，并由此开疑古之先河，后经白鸟库吉、津田左右吉、内藤湖南等人的助推而成为一股强大的思潮。更有甚者，这本在日本"发生了不小的影响"（胡适语）的书连同疑古思潮一道引起了中国一些精英的极大关注。一向以"极少数人欣赏，多数人不承认”评价此书的胡适于1921年2月托日本的青木正儿购买《东壁遗书》未果，1923年4月便迫不及待地发表《科学的古史家崔述》一文，同年5月，顾颉刚也发表了《与钱玄同先生论古史书》，提出了“层累地造成说”。

就是这样一部当年影响不大的书，为什么突然让中日两国的疑古派精英们如获至宝呢？难道真如胡适所说“他的著作，因为站在时代的前面，所以在这一百多年中，只受了极少数人的欣赏，而不曾得着多数学人的承认”？笔者认为答案是否定的。崔述其人只是清中期的一位考据学家，一生殚精竭虑而成的《东壁遗书》史有所评，《清史稿》上说：“其著书大旨，谓不以传注杂于经，不以诸子百家杂于传注。以经为主，传注之合于经者著之，不合者辨之。异说不经之言，则辟其谬而削之。述之为学，考据详明如汉儒，而未尝墨守旧说而不求其心之安；辨析精微如宋儒，而未尝空谈虚理而不核乎事之实。然勇于自信，任意轩轾者亦多。”

对《东壁遗书》及其作者崔述，笔者以为《清史稿》的评价较为中肯。也就是说，崔述站在汉学与宋学之间，以经为主，考据去谬必合于经，辨析力避空谈虚理，合于中国学者运思之则。但是到了近现代，日本的学人看到了一场“疑古狂飙”运动的端倪，进而深受其影响的中国学者看到了一位“科学的古史家”；日本的学人从中窥探出“加上原则”，中国学者从中揣得“层累地造成说”。

应该说，崔述著书，辨伪辟谬本是卫道之举，却被日本学者读出弦外之音。他们肢解崔氏大旨，取其辨伪去谬之资，去其护经卫道之本，运用西洋实证之方法，然后以自己的思考方式即“对于无限复杂的世界，人类只能通过自己的某些固有的方式去进行规整，然后才能认识世界，而且，人类的许多种规整方式都是有效的”（梁策《日本之谜》，第193页）重新规整成他们需要的样子。日本学者和田清曾说：“白鸟博士研究法的特色，总说一句，在于西洋方法的采用。从来日本学者多半免不了受汉学的影响，多半不能摆脱中国式思想方法的重压。但白鸟博士却能运用西洋最近的科学方法，以全然崭新的眼光为旧问题求新解释……博彩地理学、语言学、宗教学、民俗学等知识，去解决……历史地理人种民族以及语言风俗思想文化等各种大问题。”

中国的疑古派比日本人走得更远，他们不仅以崔述为例，甚至追溯到秦汉时代的经学今古文之争，中间经唐之刘知几、宋之朱熹，直至清之颜元、章学诚、崔述等人，似乎在中国思想学术史上早就存在一个疑古辨伪的传统，而古史辨不过是继承此一传统，另采西洋科学之方法而得中西文化结合之硕果。

但笔者认为，一种思潮所发挥的作用应与那个时代的形势有关，也与同处那个时代的国家的国运相关。日本适逢国运兴盛，其疑古也，无论疑外国之史，还是疑本国之史，都有利于其国家利益。日本学者加藤周一曾说过：“在日本,历史无始无终,现在永远持续下去。这种情况,就是我们说的‘现在主义’。今朝有酒今朝醉,明日愁来明日愁。”(加藤周一《日本社会文化的基本特征》)所以对日本人来说,没有明天,也没有昨天,只有今天。他们考古是为了今天,疑古也是为了今天。为了自己的今天,可以编造历史;为了自己的今天,可以随心所欲地抹杀别国的历史。可是时逢国运衰落的中国,需要的是救亡图存,其时正应长民智、鼓民气、强民志,张扬民族之大义,挽救民族于危亡。可是笔者认为,疑古派们的所作所为是反其道而行之,所以实在令人匪夷所思。

对这场将近百年的疑古思潮相继提出质疑的是三位代表性的学者,即王国维、钱穆和杨向奎。

最早提出质疑的是国学大师王国维。王国维(1877—1927),字伯隅、静安,号观堂、永观,浙江海宁盐官镇人。1925年,他在《古史新证》一文中说:“吾辈生于今日,幸于纸上之材料外,更得地下之新材料。由此种材料,我辈固得据以补正纸上之材料,亦得证明古书之某部分全为实录,即百家不雅驯之言亦不无表示一面之事实。此二重证据法,惟在今日始得为之。虽古书之未得证明者,不能加以否定,而其已得证明者,不能不加以肯定,可断言也。”这就是王国维先生当时提出的“二重证据法”。这是对仅依据地下材料才能证明纸上之材料真伪的所谓“科学实证方法”的“一重证明法”的否定或曰补充。王国维还以实例说明“二重证据法”的可靠,对此,陈寅恪先生概括为:“一曰取地下之实物与纸上之遗文互相释证。”“二曰取异族之故书与吾国之旧籍互相补证。”“三曰取外来之观念,与固有之材料互相参证。”他指出:“吾国他日文史考据之学,范围纵广,途径纵多,恐亦无以远出三类之外。”但是,疑古派们并未从“一重证据法”的窠臼中走出。

钱穆(1895—1990),国学大师。江苏无锡人。如果说王国维是从方法论上不赞成疑古派,那么钱穆则是从学理上驳斥了疑古派的不伦。他说:“司马迁为《殷本纪》,序列自契至汤十四世,今安阳出土甲骨颇多为之互证者;马迁《夏本纪》又载自禹至桀十四世,年世略与自契至汤相当。马迁论殷事可信,何以论夏事不可信?马迁记殷事有据,何以记夏事独无据?马迁之所睹记,其不复传于后者夥矣,若必后世有他据乃可为信,则是马迁者独为殷商一代信史以掩其于夏、周之大为欺伪者耶?”钱穆先生不仅说理而且论事,在国难当头之际,倡言弘扬民族文化,他说:“一民族之复兴,必将于其民族文化自身为内力之新生;而求其文化自身有内力之新生者又必于其以往之历史有清明之别择。”

杨向奎(1910—2000),字拱辰,河北丰润人,历史学家。杨向奎在大学时曾是顾颉刚的学生,对疑古思潮的领军人物常怀崇敬之心,对其古史辨伪的观点和方法也颇多赞同本在情理之中,但他曾与顾颉刚的助手童书业“同室操戈”,说明其某些观点与疑古派存在着矛盾。1980年8月1日,杨向奎的《论“古史辨派”》一文发表,对自己与

"古史辨派"几十年的是是非非作了清理。笔者认为重要的有以下几点：

第一，顾颉刚提出"层累地造成的中国古代史说"和"五德终始说下的政治和历史"，其助手童书业则提出"古史的分化演变说"。"层累说"与"分化说"的关系是："分化说是层累说的因，层累说是分化说的果。"《古史辨》自1926年结集出版第1册到1941年结集出版第7册，足见其理论之系统、成果之丰厚。

第二，顾颉刚在答复刘掞藜和胡堇人的辩论中，提出推翻非信史的几项标准：一是打破"民族出于一元的观念"；二是打破地域"向来一统的观念"；三是打破"古史人化的观念"；四是打破"古代为黄金世界的观念"。这四种"打破"被称之为"标准"，实际就是顾颉刚疑古辨伪的选择原则、价值取向。笔者认为，在此四条标准之下，中国古史只能被剖割得四分五裂了。白鸟库吉对中国的调查研究在这里找到了"知音"，也找到了推翻非信史的标准，并认为中国的古史辨理论更加系统，方法更加精细。

第三，杨向奎先生在此文中对疑古派们的宇宙观、方法论的论述对于我们评判其整个学说的"真相"是最有说服力的。作为领军人物的顾颉刚深受胡适"大胆假设，小心求证"的所谓"科学方法"的影响，同时又受今文学派的影响，采纳了刘歆造伪说，进行所谓"刘歆窜入"，其把辨伪与造伪、疑古与实证杂糅在一起的方法论是与其宇宙观分不开的。梳理一下，笔者认为，顾颉刚的宇宙观由以下三点构成:一是宇宙神秘论,认为最高原理永远藏在“上帝”的柜子里,不会揭开给人类看;二是科学家穷年累月地探求也只能知道宇宙的点点滴滴,最终的结果是无从预测的;三是与胡适一样不承认历史的真实性,历史不过是可以任意装饰的女孩子,疑古辨伪是解析这种装饰的过程。所以“古史辨”派“多谈问题,少谈主义”,却不顾中国历史的生机整体性,一铲一锹,一刀一斧,最终的结果就是将中国厚重的历史和文化虚化。

四、实证方法的价值选择

无论是日本的疑古派,还是中国的疑古辨伪派,皆称自己的科学实证方法是价值中立的。对于这一点,笔者不敢苟同。

(一)有无价值中立的科学方法

近代以来,西方人发现了科学理性,认为形式逻辑和实证方法是近代科学发现的两大引擎。多少年来,西方人宣扬科学理性是对全人类普遍适用的真理,不因阶级、种族、民族、性别以及政治立场、学派观点的不同而改变其价值中立性。事实果真如此吗?

我们认为,科学是一种宇宙观的产物。在人类历史上曾产生过两种宇宙观:以关系为本位的生机整体性宇宙观与以个体为本位的机械整体性宇宙观。历史上,不同的人群、民族因不同的选择而创造了不同的文化。中国先民因选择了关系本位而创生了生机本体宇宙观,并进而创生了道本文化与礼乐治统;古希腊人因选择了个体本位而发现了机械整体宇宙观,并进而发明了科学和逻辑学(当时叫自然哲学和形而上学)以及近代以来的科学理性主义与逻辑实证主义。前者主张人为天地之心,心为天地主宰,天地人"合且通",故生生不息;后者认为主客对立,人与自然界两分,肉体和灵魂两分,故有科学及其方法的"分且隔"。因果关系成为科学研究的基本逻辑关系,由此形成了科学知识体系。

中国人自古就有一种与自然和谐相处的情感,"人法自然"成为生活的法则,中国人数千年的无数创造性发明强化了人与自然的和谐关系而不是破坏这种关系;西方人视自然界(还有其他民族、种族以及人的肉体)为对立的客体,强行分解之、征服之、战胜之,他们的科学技术发明在某种程度上破坏了人与自然、人与社会、人与人、精神与肉体之间的和谐。笔者认为,必须要给科学穿上伦理之衣,否则,它在给人类带来福祉的同时,危险定会如影随形。

科学及其方法是价值中立的吗?答案是否定的。就连西方人也看清了这一点,普朗克说:"物理哲学世界应该落脚到伦理世界,找回自己的灵魂及其最后的归宿,最高的智慧不能没有最高的道德。"齐格蒙特·鲍曼在《现代性与大屠杀》一书中说:"在西方,高度文明与高度野蛮其实是相通的和难以区分的……现代性是现代文明的成果,而现代文明的高度发展超越了人所能调控的范围,导向高度的野蛮。”

(二)疑古派的价值中立

疑古辨伪派们追求历史真相,遵循胡适“大胆假设,小心求证”和“东周以前无一字可信”的“信条”,按照钱玄同所说的“总而言之,咱们现在对于古书,应该多用怀疑的态度去研究它们,断不可无条件的信任它们,认它们为真古书,真事实,真典礼,真制度。与其过而信之也,宁过而疑之,这才是实事求是的治学精神”的意见和顾颉刚所定的“四条标准”,撰写了洋洋洒洒七大册《古史辨》。很多年前,笔者买到了第7册,粗览些许,只觉其辨伪多不当,或为辨伪而辨伪,或原本纸上的材料,经他们一辨,“伪”的没了,真相也未见。合而言之,东周以前的中国历史成了一片空白!现仅举几例:

第7册的《杨序》上说:“夏以前的古史传说的前身是神话,这一点我绝对坚持的。最明显的,便是有那许多鸟兽的神话掺入在中间。有许多古史传说中的人物,其前身不过是神话里的鸟兽罢了。”世界上所有的民族在没有文字记载之前,都曾经历过神话传说时代,中华民族也不例外。但神话传说并非凭空而来,而是当时现实生活的折射。赫拉克利特说过:“人是道德之神,而神是非道德之人。”所以,随着人们心智的开化,经历一个“古史人化”的转折时期,即将“非道德之人转化为道德之人”不仅是可能的而且是必然的，否认“古史人化”过程的可能性和必然性，其结果就是中国古史的虚无化。由此也可见疑古辨伪精英们在“大胆怀疑”之后的“小心求证”是“凡是古史传说的人物，其前身不过是神话里的鸟兽(大前提)—尧舜禹是古史传说中的人物(小前提)—所以尧舜禹是神话中的鸟兽(结论)”的三段论逻辑。如此一辨，尧舜禹便被抹杀了。

汤因比说过，约公元前3000年至公元1500年是人类在不同地域相对独立生息繁衍并创造自己民族文化的时期。当时的东亚大陆正是一块相对独立的区域，这里居住着不同的种族、族群和部族已被近现代考古资料所证明，同样被证明的还有：这些不同的种族、族群、部族进行过四五千年的长期交往——婚姻、生产品的交流是其主要形式，而战争则是造就核心部族的“助产婆”——最终形成了一个较大的核心部族，即炎黄部族，这是距今大约5000年左右东亚大陆的人文形势。由此，以炎黄部族为核心，通过对外交流，到公元前2017年左右，东亚大陆的文化核心落在了二里头。夏商周断代工程证实二里头文化就是夏文化，并由此拉开了中华文化有文献可参证的历史。

在中华民族五千多年生生不息、一以贯之的漫长历史中，曾出现过两个“文化轴心”(此处借用雅斯贝斯的概念)时代，其中之一就是炎黄时代。的确，炎黄部族之诞生是多元互动的结晶，主要是农耕部族与半农耕半游牧部族交往融合的结果，其后东亚大陆便形成了以炎黄主体部族为核心的历史时期。中华民族出于一元的观念应是炎黄部族诞生以后产生的观念,也是后来以汉民族为主体的"族统"观念产生的人文基础。与中华民族出于一元互为表里的是,其自然地缘生态也呈多元一统态势,在四周高原、大洋、森林、草原之中是一块广袤的平原。它既是主体部族向四周扩大、同化的中心,又是周边族群与主体部族交往、融合的枢纽。可以说,这种态势一直延续到19世纪中叶西方列强入侵为止。这也正是中华民族几千年治理国家形成的一以贯之"治统"的地理生态基础。中华民族这种独特的现实生活在观念上形成的以"人文精神+和合观念"为核心的五千年"道统",不正是"族统+道统+治统"有机合一的写照吗?

中华民族生生不息的历史从未间断过,如果从已知的事实逆推古史,我们可以细细思考:如果历史上从未有一个主体部族主宰着历史前进的方向,那么今天以汉民族为主体的中华民族大家庭能够生成吗?如果没有一个多元一统的自然地理生态环境,那么中华民族怎么能够自生民有初就实行封建一统的治国方略呢?如果中华民族的祖先不是创生了一个大气包容的文化,又怎么能够形成今天生生不息、从未间断的博大精深的道本文化呢?疑古辨伪派们所谓科学实证方法的价值中立,可用一个德国人的话击碎。在马克斯·韦伯的《学术与政治》一书的《导论》中,有人主张韦伯把价值从科学研究中排除掉,但韦伯认为事实是经由价值参照拣选出来的。他说:"既然没有普遍的价值体系存在，那么，假如有某作者假定他自己的评断具有普遍的妥当性，他无异是在欺骗。”难怪有学者看了《古史辨》前几册出版后说，《古史辨》是一部永远没有结论的著作。但古史辨派认为自己的学术研究是有结论的。

那么，古史辨派们的结论是什么呢？童书业先生给出了答案。他在《古史辨》第7册《自叙二》中说：“‘三皇’、‘五帝’的名称系统和史迹，大部分是后人有意或无意假造或伪传的。‘皇’、‘帝’的名号本属于天神，‘三’、‘五’的数字乃是一种幼稚的数学的范畴，‘三皇’、‘五帝’和古代哲学与神话是有密切的联系的。大约：盘古、天皇、地皇、泰皇（或人皇）决无其人；燧人、有巢、伏羲、神农也至多是些社会进化的符号。至于黄帝、颛顼、帝喾、尧、舜、鲧、禹等，确实有无其人虽不可知，但他们的身上附有很多的神话，却是事实。把这些神话传说剥去，他们的真相也就所剩无几了。至启以下的夏史，神话传说的成分也是很重，但比较接近于历史了。到商以后，才有真实的历史可考。总而言之，夏以前的古史十分之七八是与神话传说打成一片的，它的可信的成分贫薄到了极点！”

笔者以为，这就是《古史辨》洋洋洒洒七大册得出的结论，童先生是以“《古史辨》的相对的结论大致是这样”开头的（见《古史辨》第7册《自叙二》，第2页）。对这个所谓的“相对的结论”，王国维、钱穆等先生都有过评判，不再赘述。笔者想说的是，中国自古就是一个以家庭为本位的稳定的生机形态的社会，在文字发明以前，人们口口相传的家族、部族的历史特别是本家、本族的事迹，虽有夸大甚至神话的成分，但其真实的成分绝非因有神话的成分而虚无，“非道德之人”消失了，“道德之神”就会显现；神话的外衣剥去了，真实的人就会现身。中国上古史的确经历过去神化和人文化的过程，即顾颉刚先生所要破的“古史人化”的过程，这个过程以殷周之际的大变化作为“神话”时代的基本结束和真正人文化的开端，用王国维的话说就是：“中国政治与文化之变革，莫剧于殷、周之际。”此变革“其旨则在纳上下于道德，而合天子、诸侯、卿、大夫、士、庶民以成一道德之团体”（王国维《殷周制度论》）。概而言之，殷周之际的政治变革即其封建制之完善，旋开中华百代不易之治统；而文化之变革，即“道德地人文精神之建立”（徐复观语），中华文化一以贯之的道统开始自觉地传承。一句话，殷周之际的变革实际是中华治统承前启后的大变化，是中华道统继往开来的大发展。

古史辨派要破所谓“古史人化”，那么，笔者不禁要问，中华民族这样一个伟大的民族从何而来？没有人，从仰韶、龙山、红山、屈家岭、河姆渡、二里头、良渚等诸多遗址中出土的功能齐全的城垣、形制讲究的墓葬、大型祭坛以及各种陶器、骨器、精美玉器、石器以及生产工具等从何而来？只有有了人，才会有开天辟地的英雄流传下来；只有有了英雄，才会有神话口口相传下来。这是顺理成章的事实。至于后人如何称呼这些英雄，又给他们附加上怎样的神话，是绝不影响他们的存在和史迹的。

五、剥去启蒙外衣，消除疑古思潮影响

“五四”新文化运动的爱国传统给后人留下了伟大的成果，但也留下了沉重的包袱——精神家园在某种程度上的失落。

令人高兴的是，党的十八大报告明确指出：“文化是民族的血脉，是人民的精神家园。”并提出“建设优秀传统文化传承体系，弘扬中华优秀传统文化”的文化战略方针。以笔者浅见，若建设优秀传统文化传承体系，弘扬中华优秀传统文化，一大关键就是要破“西方中心主义”。16 世纪以降，西方人开始对外扩张，至 18 世纪，其足迹差不多已达世界各大洲，19 世纪中叶以武力打开中国的大门。这时的世界基本上已被西方列强瓜分完毕。笔者认为，西方人妄图征服世界的法宝有两个：一个是科学技术，另一个是西方中心主义。有了科学技术，他们自认为可以所向无敌；有了西方中心主义，他们就可代“上帝”立法，构建一个西方人统治的世界。

在此，笔者不想讨论西方人挟持上述两件法宝如何扩张世界，只试图论述中国的事情。从 1840 年鸦片战争西方人靠坚船利炮打开中国的大门，中国人便开始了学习西方以自救的过程，曾经历“师夷长技以制夷—中学为体西学为用—戊戌维新—新文化运动”将近 80 年由表及里的文化思考和救亡图强的实践过程，中间一度在思想学术上

抛弃了自己祖先创造的道本文化的人文价值取向而全面接受了西方中心主义的价值取向。

在西方中心主义的迷雾里，科学至上、科学万能曾风靡一时。而我们知道，这套"自然科学与其实验方法在18世纪渐渐成为人类衡量一切真理的准则"的科学英雄主义的范型在美国已经受到质疑（见《历史的真相》第一章）。而笔者认为，疑古辨伪派们遵循的"一重证明法"正是科学英雄主义范型的照搬！

以实体为本位的机械整体宇宙观是科学哲学的本质。中国的先哲们认为宇宙是一个生机本体，是不可以分割拆散为一个个所谓"实体"的。宇宙生生不息，创生万物。而科学恰恰是分裂剖割宇宙万物（包括人）的，它在某种程度上破坏了自然生态、人文生态、社会生态及政治生态、文化生态。虽然科学的发现发明造就了近现代技术体系和工业革命，但它是一把双刃剑，既给人类的生活带来方便，又潜在地给人类和自然带来危险乃至毁灭。

在西方中心主义原则下，西方国家实行的多党民主政体具有普适性价值似乎也是不容置疑的。但人们看到的是"科学技术所推动的进步，在西方是与一种特殊的、基于代议制政府紧密相关的政治文化并联发生的"（参阅《历史的真相》，第19页），还可以看到"自由企业经济明显与其他体制不同的特点是，它的强制性是隐藏的。这是一种不用看得见的束缚强迫便能发生效用的专制体制"（《历史的真相》，第104页）。事实上，政治上开放的代议制民主政体与实质性的专制政体的轮换、经济上自由的市场竞争体制与封闭而隐藏的专制体制的合理运用正是西方文化的“孪生子”。

“科学”与“民主”是新文化运动启蒙派的旗号，他们要用科学砸碎“束缚人民大众几千年的封建蒙昧”，要用西方式民主政治摧毁“盘踞在中国几千年的专制政体”。日本人以制造一场疑古思潮开始了自己的启蒙运动，为刚刚“脱亚入欧”而进入西方历史的自己补课。如果日本疑古派针对其封建时代政教合一的天皇神道制度进行批判，像西欧的启蒙运动针对中世纪的教会神学统治开刀一样，那么对其现代化是有益的。但日本主要不是怀疑自家古史，更不是针对天皇神道教，而是怀疑中国古史，抹杀中国历史。显然，日本人的启蒙运动并没有推动自己的国家走上西方式的民主政体，而是为军国主义的侵略政策制造了合理性根据。

前面说过，中国的殷周之际曾发生了剧烈的变革。这次变革在政治体制上完善了封建制，成就了中华民族治理国家的百代不易的有效合理的政治制度；在精神文化上开启了“道德地人文精神”的历史新纪元。从这两方面来看，中国虽无民主传统，但也无专制传统，更无宗教神学统治的传统，这与西欧和日本的情形都不同。但是，如果我们把中国上古史的神话传说与古希腊的神话对比，那么与古希腊的神高高在上、超凡脱俗不同，中国传说的神大都生活在人间，其事迹充满了人文气息；加之中国的佛教、道教从未在政治、经济、文化上成为统治思想，至于儒家学说，从孔子说“周监于二代，郁郁乎文哉！吾从周”直到今天，它走的就不是宗教之路，而是伦理人文之道。这就是中国人自从接触西方文化以来，从容接受了自然科学和数学却不接纳西方宗教的深层原因。所以，中国不存在需要一场启蒙运动以反抗教会权力与西方中世纪国家制度的文化土壤和政治对象。而疑古辨伪派们彻底反传统，开展疑古辨伪，抹杀历史，笔者认为，这是制造民族文化虚无主义的“温床”，应持批判态度。

面对西方强权的侵略压迫，中华民族确实需要一场救亡图强、护道鼎新的运动。经过凤凰涅槃式的革命斗争，救亡之大任以中华人民共和国的诞生而结束，图强之大业亦经六十多年的艰苦奋斗得见卓著成果，并且创生了充满中华民族智慧的强国之路——“中国道路”。但同时也应该看到，百年来由于外国列强的侵略和渗透以及国内某些西化思潮的影响，中华民族遭受的精神创伤是深重的，所以护道鼎新任务的完成绝非是一朝一夕的事，它需要我们全体的努力与坚持。

关于中国“启蒙”再商榷

一

世界近代启蒙运动最早发生在法国大革命时期，是继意大利文艺复兴运动、马丁·路德宗教改革运动以后，在意识形态上对西欧中世纪神学专制统治的更为彻底的批判。当年的法国涌现出一批像伏尔泰、卢梭、孟德斯鸠、爱尔维修、狄德罗等启蒙思想家，他们倡导科学理性，反对宗教迷信；高扬人的主体性，否定上帝的神圣性；推崇哲学，批判神学。启蒙思想家们都有一种把处在宗教蒙昧中的人们解救出来的历史担当，因此人们将这次发生在18世纪西欧的思想解放运动称之为启蒙运动。

由此可见，18世纪的思想启蒙运动是针对西欧中世纪教会神权专制统治的一次思想解放运动，其前提是西欧曾经历过一千多年的宗教蒙昧和封建专制，有些西方学者称这一千年是黑暗的中世纪。在这千年的漫漫长夜中，哲学、艺术、文学、历史、法律等统统变成了神学的奴仆，科学遭到神学的迫害，人类理智在教会神学的专制统治下呻吟、挣扎。启蒙运动把被宗教颠倒的历史重新正过来，重树了人性、理性的权威，并为其后相继发生在西欧各国的资产阶级革命准备了理论前奏和思想基础，在近代西欧历史上具有不可估量的意义。

二

西方资本主义发展起来了，科学技术与工业革命给西方人带来的是科学知识与技术实力，并凭借新教狂热的激励向全世界扩张，中国也未能幸免，沦为西方列强的半殖民地。这一亘古未有的变局让中国人审视自己的物质文化、制度文化以致全部的精神文化，对其进行全面的反思。在自以为无法从自身的文化资源中找到救亡图存之道的情况下，一些中国的"精英们"接受了西方中心主义，并按照西方哲学、历史、法律、文学、艺术的模式力图构建符合世界潮流的科学与民主新文化。为了打造西方式的新文化，这些留学欧美的学人模仿西方文化范式编就中国的哲学、历史，名之曰中国的"启蒙运动"，其最具代表性的人物当属20世纪20年代留美归国的胡适，而他和他的追随者们则组成了当时中国的"启蒙派"。

中国的“启蒙”思想家们在中国的历史中寻找根据：(1)仿照西方社会历史发展阶段，使中国也有了社会历史发展阶段论，即原始社会(夏以前)、奴隶社会(夏、商、西周或夏、商)、封建社会(战国至清末或西周至清末)……(2)将中国自秦汉至明清二千多年的社会性质界定为与西欧中世纪相同的封建主义社会。(3)把儒家定性为儒教(礼教)，天命类比为“上帝”，儒学类比为神学。(4)搜罗民间的一些迷信活动类比为西方的封建宗教迷信。(5)把建立在血缘基础上的宗法伦理道德类比为西方宗教伦理道德。(6)将家国体制下的皇帝自称“天子”，类比为西欧中世纪的君权神授。(7)把中国落后的主要原因之一归到汉语言文字，必欲除之。

上述的历史根据有些是非常科学的，但也有不合理、虚谬的成分。尤其值得注意的是，中国的“启蒙”思想家们以西学为参照，言必称中国没有科学传统和民主传统，有的是“封建专制和迷信”；中华民族缺少所谓西方民族的个性、独立自由博爱的精神，有的是“冷漠、愚昧、自私”的性格。这就带有很大的偏颇性。笔者不能认同。

如上所述，在西方启蒙运动中曾涌现出一批启蒙思想家，如伏尔泰、狄德罗、爱尔维修、孟德斯鸠、卢梭等，他们高举理性的大旗，批判教会神学；高举科学的旗帜，批判宗教迷信；高举民主的旗帜，批判封建专制。他们的批判锋芒直指西欧中世纪的封建领主制度和教会统治，为资产阶级革命做好思想舆论准备。而中国的“启蒙”思想家们认为，既然中国在西方启蒙运动前后的明中叶产生了类似西方资本主义生产方式的萌芽，那么也必会产生出一批具有“启蒙”思想的先进人物，如李贽、黄宗羲、顾炎武、王夫之、戴震、龚自珍等。他们从这些人的著作中挑出只言片语，发现其批孔刺孟，反对“封建专制和封建迷信”，主张士农工商平等，提倡发展工商业等，思想与上述西欧启蒙思想家颇为相似。于是，这些人被荣幸地冠以中国早期的具有“启蒙”思想的先进人物！

三

以笔者之见，中国的“启蒙”思想家们一开始就是从一个错误的前提出发，在一个错误的时空条件下，提出了一个错误的主张。

第一，“启蒙”思想家们先是预设了一个大前提，即西方中心主义原则，承认了西方殖民主义者杜撰的西方社会历史发展模式是整个人类社会发展的普适模式。翻开西方近代以来的历史，西方学者利用哲学、历史学、人类学、考古学等的研究成果，提出了一个人类社会普适性发展模式，即原始社会—奴隶社会—封建社会—资本主义社会……其他民族、国家的历史发展都要遵循这个模式。但这也从一个侧面说明了西方人所说的“普适”模式只是西方社会历史发展的模式，从来就不具普适性。西方人执坚船利炮来到东方，一个拥有五千年悠久文化的中华民族没有成全他们改变中国、称霸世界的美梦，但西方列强的侵略压迫也使中国遭到亘古未有之变局，变成了半殖民地国家，这让中国的有识之士产生了一个错觉：中国如此巨变之源来自文化的落后和腐朽，西方之如此强盛，在于他们有科学和民主。于是，中国人在寻找救亡图存之路上开始主动学习西方，并按照所谓普适性的社会历史发展模式削足适履，促成了中国社会历史发展阶段论。

第二，“启蒙”思想家们从预设的大前提中引申出小前提，即中国走过的历史和现在以及将来要走的道路必然地要与西方社会历史相一致。所以他们也把中国社会历史划分为四个阶段，即原始、奴隶、封建、资本社会，只是资本主义还停留在萌芽阶段时，即被西方列强以武力改变为半殖民地社会。以西方中心主义原则为出发点，上述的一切似乎都合情合理，顺理成章。这样，“启蒙”思想家们提倡的新文化“启蒙”运动不仅有了学理根据，而且还有了更为现实的历史依据和实践依据，不容人们怀疑其合法性、合理性、正当性。

四

18 世纪的西欧能够掀起启蒙运动有其历史文化背景和现实社会基础。而如果我们深入研究中国的社会历史文化，那么在中国则从来没有西欧中世纪那样的“费乌迪主义”(feudalism)社会。自秦汉以至明清，中国的社会性质是郡县一统封建社会，它是氏族一统封建社会一宗法一统封建社会一脉传承而来，此封建制与"费乌迪主义"制度根本就是毫无联系的。那么，中国社会历史的发展有哪些特性呢？

第一，中华文化和西方文化是性质不同的两大原创型文化。这两大原创型文化分别代表着两种社会历史发展道路。中国社会历史发展的能动力源于族种的生存、发展而带来的家庭形式的演变，西方社会历史发展的原动力则源于工具的变革而带来的生产方式和上层建筑的革命。

第二，中国传统文化既非大河文化，也非海洋文化，既非农耕文化，也非工商文化，而是大河文化与海洋文化有机整合的综合性文化，是以家庭为本位，以农耕文化为主，工商牧渔文化融合创生的生态型文化。西方文化则是海洋文化与大河文化组合而成的实体型文化，是工商农牧渔等经济门类构成的机械性文化。

总之，人类的宇宙观归根结底有两种：生机整体宇宙观和机械整体宇宙观。前者的典型代表是中华文化，即"合且通"的有心论宇宙观；后者的典型代表是西方文化，即唯物论和唯心论的二元论宇宙观，它是"分且隔"的无心论宇宙观。

由上述又可以见得以下三点：

第一，中华文化是道本（或曰心本）文化。自炎黄以降，中华文化始终遵循着分殊而不离道、相辅且相成的理路演变、发展，故百家之学皆是本于道而成月印万川、万川归海之气象。笔者在《道兮归来》[见《心论集(续)·正本清源篇》,人民文学出版社2012年版]一文中将中华文化整体称为"道学",诸子百家都是"道学"家族中的成员,它们同根同祖,文脉(或曰血脉)相通。所以,无论儒道墨法,还是天文术数,抑或农工医贾,每一家都既是道学家族中的成员,又是自成一家之言的学说,虽不能涵盖中华文化之全体,却从不同侧面或视角体现着中华文化之精神。从心之文化言说,儒家应是道学家族中的正统而成为汉以降历朝历代之官学。可是,在"五四"新文化运动前后,学人认为中学无范式,便仿西学分科而论之范式,将百家之学孤立论说,庶几以儒家正统作为中华文化之全部加以批判。

第二,中华文化的基本精神是人文精神。西方国家之所以在18世纪出现了一场启蒙运动,是因为其经历了教会神学黑暗统治的中世纪。在长达千年的宗教专制统治下,人性尽失,理性泯灭,人们处在偶像崇拜、蒙昧迷信的昏暗之中,故在意大利文艺复兴之后,接连出现了宗教改革、启蒙等思想运动,为近代西方资产阶级革命做好舆论准备。而中国自炎黄时代以来,文化的基本精神可用一句话概括:人文精神与和合观念的合一。炎黄至有夏长达15个世纪,虽无文字可考,但从百多年来的考古资料考证,以家庭为本位、以农耕为主、耕织贩有机合一的生态型文化奠定了中华文化人文精神与和合观念合一的基础。殷商虽信鬼神,但无非是谈天道讲变化以占人事,始终未发展成宗教，而是继承发展了人文精神与和合观念。正因如此，到了西周，才会出现融合夏商以及有损有益的人文文化的创新性发展与和合理念制度化的成熟。可以说，自周公至孔子，人文精神与和合观念成为中华文化的基本内核从未改变过。

有的中国学者为了迎合西方中世纪宗教统治的历史现象，煞费苦心地在中国制造宗教，硬是把儒家和儒学这样一个人文学派按照西方基督教的面孔制造成宗教，称之为孔教、儒教或礼教，把孔子说成类似耶稣、释迦牟尼或穆哈默德一样的创教者，将天、天帝或天命类比为基督教的“上帝”，将儒学说成神学。笔者认为这些类比既无根据又无道理，不能成立。可从以下三方面说明：

(1)儒学是人学而非神学。孔子立学的核心是“仁”，他解释道为“仁者爱人”；他的学生说“子不语怪力乱神”。这与西方的基督教教义公然宣称“上帝”是全能的神没有任何共同点。

(2)孔子是儒学的创立者，但孔子从未说过自己是神，是救世主，中国人也从未把孔子当作神，而始终把他称为至圣先师，是一个传道、授业、解惑的伟大教育家。孔子提倡孝道，讲“修身、齐家、治国、平天下”的道理，其人文精神昭然可见，西欧启蒙学者甚至认为提倡人文精神、哲学理性需要借助孔子的思想，由此亦可见孔子与耶稣、释迦牟尼无可比性。

(3)在中华文化中，天是什么？天就是自然。在古代，天与无与元是相通的，而地是万物的统称，即有。它们是道所生之两仪，由此两仪方能化生万物。中国人自炎黄时代就仰观天文、俯察地理，近取诸身、远取诸物，始创八卦。这就是说，中华文化中的天、地原本就是自然，中华文化就是源自对天、地、人三才及其关系的体悟而创生的。人是什么？从何而来？生而为何？这是全人类共同关心的大问题。中国先民认为，人是天地之心，不仅有气有情有知亦且有义，与宇宙一样拥有大全之性。人来自阴阳天地之生生。宇宙创生了人，是为辅天助地、参赞化育，是天地生生之活动由自在性转化为自觉性的表现。西方人认为，人是理性的动物或由灵魂和肉体组成的机器；人是自然界之外的全能的造物主——"上帝"创造的；人来到尘世就是创业立功，救赎原罪。由以上所述，人文、神文之别昭然若揭。至于天命，并非说天有什么意志，而是指天地生生不易之理。人之性与万物之性皆源于此，与宗教神学的教义完全不同。

第三，中华文化是族统、治统、道统三位一体、一以贯之的。"启蒙"思想家们接过西方学者们的说辞，将中国几千年的社会制度界定为专制制度，即所谓的二代奴隶制宗法专制—秦汉以降封建君主专制；并如前述，比照西方社会历史发展阶段的模式，从可以找到的纸上材料和出土考古文物中描述中国奴隶社会和封建社会的图景。

笔者认为，研究中国历史的发展道路，是绝不能从西方中心主义原则为出发点的，而只能从中国历史本身去探索，去研究，从而揭露真相。那么，中国历史发展的真相如何？笔者在《心论集》及《心论集（续）》中作过探索，认为中国是一个尊礼重乐的社会，西方是崇力尚知的社会。中华民族以礼为经，以封建为纬，创造了大一统的封建社会，并经历了由"血缘—宗法"封建制向"地缘—官僚"封建制的演变，其间礼治一以贯之，即集权与分权合二而一，统一与封建合二而一。夏商周三代有天子，秦汉至明清有皇帝，且他们在宗室家族中是人子、人夫、人父，须遵守家规孝道；在治国平天下的理政中是君王、臣主，须依法以德施政，特别是秦统一中国后设丞相职，君、相分权而治，直至明清基本如此，开世界政治之先河。但是，两河流域的阿卡德、巴比伦以至古希腊、古罗马的专制君主，特别是西方中世纪的教会专制统治，都要借助神的力量，不是自封为神就是神赐王权。他们为自己建造庞大的神庙，以彰显神圣的权力，这与中国古代的天听自民、天视自民、敬天保民、王道仁政的治道是无法比肩的。何况，中国宗庙、谱牒的设置也使历代帝王认识到自己是人，而不是神。这种族统、治统、道统合一的人文精神给中华民族带来了长期的政通人和、国泰民安的生活。从有文字记载的历史来看中国治与乱的时间比大概是4:1，而西方恰恰颠倒过来，是1:4，足以证明中国治道之优越。

有人曾经设想，如果没有西方列强的入侵，中国迟早也会发展到资本主义社会；还有人把中国社会界定为超稳定结构，如果没有西方国家的压迫，中国永远也不会进步，只能在原地踏步。笔者认为,前者是以西方社会发展阶段论为普遍规律得出的假设;后者则是以中国社会无历史的另类为前提得出的结论。历史是不能回过头去进行假设的,因此,第一种设想不能成立;而后一派学者设置的前提是荒谬的,不符合中国社会历史发展的真相,因此,其结论也是荒唐的。

以笔者之见,世界文化是有分别的统一体。英国历史学家汤因比认为,自公元前3000年至公元1500年,是人类在不同区域独立创造自己民族文化的时期。从文化创生、形成的过程看,它们既是民族的,又是世界的。但文化如果没有民族性的区别,就谈不上交流;没有世界性的统一,也就没有交流的可能。中国有句古话"和则相生,同则不继",所以,有了民族文化的发展和交流,才会有世界文化的丰富多彩;同样,有了世界文化的繁荣发展和各民族文化的彼此借鉴、交流,才会推动民族文化的创新、发展。因此,从人类创生不同质的民族文化的时期开始,就有了这些文化的交流。特别是到了公元前七八世纪以后,世界进入了"文化轴心时代",逐渐创生了两大原创型文化——中华文化与西方文化。

从世界文化交流史的角度观察,中华文化与西方文化这两大原创型文化曾经有过类似齿轮状的交流关系,特别是中国的秦汉时期正好对应于西方的古希腊和古罗马时期。从那时期开始,两大原创型文化就开始了创生世界新文化的历史。公元前4世纪,古希腊亚历山大大帝率军东进直达印度河流域，将希腊文化传到印度并间接传到中国。公元前2世纪，中国汉代使臣张骞开辟通往西域的商道并经中亚、近东通往古罗马，史称“丝绸之路”。差不多同时，汉武帝北击匈奴，大败之，遂有匈奴大规模西迁至多瑙河流域。匈奴人在多瑙河流域的存在阻止了日耳曼人东进南下，使其西向南下，促进了正处在垂死、拖延、残喘的罗马帝国的瓦解、消亡，从此进入中世纪的封建社会。这是中华文化间接影响西方社会变革的一例。诚如上述，西方中世纪经历了千年教会的黑暗专制统治，自15世纪意大利文艺复兴运动及其后的宗教改革运动，18世纪发生了启蒙运动。这些运动也无不受到中国西传的经验技术、器物和人文精神的影响，成为推动近代资产阶级革命的重要原因之一。这是中华文化间接作用于西方社会变革的又一个例子。

毋庸置疑，中国由传统社会向近现代社会发展的原因与西方文化的强劲东进不无关系，这已经成为历史事实。西方人在吸收消化世界各民族文化营养特别是大量中国文化精华的基础上赢得了科学技术和工业革命的成功，但随之挟坚船利炮开始扩张世界。当他们来到世界的东方时，中国还在传统道路上缓慢前行，是西方的坚船利炮和资本主义文化打破了“家—国”一统的封建制社会，改变了中国独立自主的发展方向，使之沦为西方列强的半殖民地。这种巨变并不能像“启蒙”思想家们所说的源自于中华民族的劣根性、中华文化的柔弱性和中国社会结构的超稳定性，而是在世界文化交往中，异质文化之间内在的彼此互补性、交相互动性使然。这种情况曾在西方世界发生过可以理解，同样，在中国发生了也不足为奇！正像西方国家没有因为外来力量的冲击而根本改变其社会发展规律一样，近百年来中国人民开展自救自存自强的斗争，建立了自己的新国家，重又回归民族发展的生生道路上来，同样没有因为西方文化的压迫而改变中华民族数千年一以贯之的发展道路！

评现代新儒家

现代新儒家诞生于20世纪20年代初,因为此一学派力图在现代中国恢复儒家思想的主导地位,重建儒家的价值系统并以此为基础来吸纳、融合、会通西学,以谋求中国文化和社会的现代化而得名。

通常认为,现代新儒家可分为三代。第一代从1921年至1949年,代表人物有熊十力、梁漱溟、马一浮、张君劢、冯友兰、钱穆;1950年至1979年为第二代,代表人物有方东美、唐君毅、牟宗三、徐复观;第三代从1980年至今,代表人物有成中英、刘述先、杜维明、余英时等。现代新儒家的学说被称为“现代新儒学”,是中国现代较为重要的学术流派。表象上看,现代新儒家主张中国传统文化的一贯性和优越性,认为从尧、舜、禹、汤、文、武、周公、孔、孟到程、朱、陆、王之间有着一脉相承的“道统”,而他们自认为是此道统的现代传承者。现代新儒家认为心性之学是中国传统文化的本原和核心,只有在此认同的基础上,才谈得上对西方文化的吸纳和会通。

笔者读过现代新儒家的一些书,对他们的思想有些了解。2012 年 8 月由人民文学出版社出版的拙著《心论集(续)》中,笔者对第一代现代新儒家冯友兰先生的思想作过粗浅评判。近来,笔者又精读了其他现代新儒家主要著作的重要章节,认真地进行了思考,认为他们并非是中国传统文化精神的现代传承者和现代中国文化的创新者,其思想与中华"道统"也不是一脉相承的。

现代新儒家的思想庞杂,若一一评判,非笔者能够胜任,故仅从三代学者中各取一个或几个笔者较熟悉且较有影响者,对其代表作或其思想评判之。他们是第一代学者中的张君劢,第二代学者中的牟宗三,第三代学者中的成中英、余英时、刘述先和杜维明。

一、张君劢:靠"西玄"起家的现代新儒家

张君劢(1887—1969),字士林,号立斋,江苏宝山人。1906 年入日本早稻田大学政治经济科学习。1913 年入德国柏林大学学习。1923 年发表人生观讲演,引发"科玄论战"。笔者认为,此次科玄论战中,张氏代表所谓玄学一派,其观点最能代表他的现代新儒学思想,故着重以此次论战及其后的思想观点进行评判。

在科玄论战中,张君劢主张:“就以上所言观之,则人生观之特点所在,曰主观的,曰直觉的,曰综合的,曰自由意志的,曰单一性的。惟其有此五点,故科学无论如何发达,而人生观问题之解决,绝非科学所能为力,惟赖诸人类之自身而已。”其结论是:“惟其如是,科学决不能支配人生。”那么,科学派的主张如何呢?科学派的代表人物丁文江与张君劢对立,他说:“科学方法也适用于人生观,人生观并未出乎科学方法之外,没有法子把人生观同科学真正分家。”另一位科学派人物任鸿隽提出:“人生观的科学是不可能的事,而科学的人生观却是可能的事。”“科学与人生观的关系,不但是因物质科学的进步,间接地把人生观改变,直接的科学自己还可以造出一种人生观来。”“科学自身可以发生各种伟大高尚的人生观。”“我们应该多提倡科学以改良人生观。”科学派的总指挥是胡适,他在总结代言人丁文江、任鸿隽等人观点的基础上提出了科学人生观的十大观点。

由上述两派论战的形势看,科学派显然占了上风,这在张君劢于1934年发表在《东方杂志》上的《人生观论战之回顾》一文中有所流露。他说:“我当时脑子内所有的‘科学’二字,实在是指自然科学,不是指全部科学,因为自然界才能同人生对立来说。假定有人来问我对此问题,现在意见如何,我可以明白答复,‘人生观’之名,本于倭伊铿所著之‘大思想家之人生观’,是指哲学史中各家对于人生与宇宙问题之答案,其为主观的,毫无疑义。我的老师重视大思想家之创造力,我是的确受他这方面的影响。”此段表白足证张氏之被动妥协的窘况。

本文不拟对科玄论战孰是孰非进行评判,而是透过此次论战对张君劢先生是否称得上是现代新儒家作出自己的判断。上述科学派的代言人丁文江、任鸿隽、王星拱等人的科学观直接来自欧美批判学派的代表人物马赫、彭加勒、皮尔逊 ,那么,张君劢的人生观来自哪里呢? 主要是德国的倭伊铿、黑格尔、康德、柏格森等。中国社会科学院近代史研究所郑大华说:“他(即张君劢)的思想,基本有三个面相:他是政治上的自由主义者,经济上的社会主义者,文化上的保守主义者。”笔者读张君劢,认为郑先生归纳之三面相诚可信矣! 此三面相互不搭界,所以难成一以贯之体系,其政治、经济主张皆来自西学,唯文化面向似有中学味道,但也是借助康德实践理性(主要是道德理性)及西学之范式梳理儒学发展脉络,而有《新儒家思想史》《义理学十讲纲要》《明日之中国文化》《儒家哲学之复兴》《民族复兴之学术基础》等著作。所以,笔者观之,张氏作为现代新儒家与传统儒家有隔,其在科玄论战中的人生观论说多是运用康德、柏格森等的哲学观点,其对手主要运用的是皮尔逊的学说。二者的论争实是西方科学主义与人本主义论战在中国的再现。如果科学派试图直接移植西方的科学与民主于中华大地,那么张君劢先生的现代新儒学则是通过改造传统儒学以成就自己所谓的中国的现代化。所以,这个现代化也是西方式的科学与民主,从其著作中

摘撷关键数句可窥一斑:

(一)削儒家思想之足,适西方哲学之履

1958年,张君劢先生在《民主中国》杂志发表了题为《我之哲学思想》长文,阐述了自己的哲学思想。张氏曰:"欧洲现代哲学大师,不可胜数。我所以独向往康氏者其理由所在,可从知识论与道德论分别言之。"他于"知识论""道德论"所言,实际是康德《纯粹理性批判》《实践理性批判》之心得;关于康德所谓"物自体""上帝""自由意志"等形而上问题,张氏专门论之。由上述之论可窥见张氏哲学思想,只是康德哲学之心得体会,论到关键处则以儒家或释家思想作出比较,以其为注脚而已。故儒合于西者,则存之;不合于西者,则改之。总体看,笔者认为,张氏之哲学思想是以康德为宗,夹杂倭伊铿、柏格森等哲学以及儒家的只言片语而已。诚如《我之哲学思想》之"结论"所云:"我思想体系之纲领如上所云云,我一生志愿,曰勉为读书明理之人而已。居今日思想自由学说纷拿时代,求其为明理之一人,谈何容易?其在政治学上,有个人与国家,自由与权力之争。其在经济学上,有自由放任与计划通统制,资本主义与社会主义之对立。其在社会学上,或侧重进化中之制度,或侧重职能。"由是观之,上述郑大华先生的评判很是中肯。

（二）以西方社会政治价值评判中国传统社会政治制度

张氏既是政治上的自由主义者，对中国传统社会政治制度的评价自然会运用西方自由主义原则，认为中国现代化唯实行西方式之宪政民主之一途，其方法和途径则是儒家思想复兴。这在其《中国现代化与儒家思想复兴》（参见《中西印哲学文集》，台湾学生书局 1981 年版）一文中有论述。

首先，张氏认为，当今世界只有宪政民主制度才是现代政治制度，中国传统社会政治制度是专制君主政体，必须走宪政民主之路才能成为现代化国家。他说："中国是悠久传统被保持与受尊重的一个国家。自孔子删订经书以来，学者就信奉他的学说，并阅读他的著作。儒家在中国掌握着思想生活。不仅儒家的学说，诸如道德价值、性善及修身方法等学说，被视为永恒的真理，而且就像专制君主政体及以经书作为考试课本等制度，也被看作是经久不变的。人们可以说儒家在中国就是教会、政府与学术的三位一体。""一直到 1894 年中日战争结束，中国政治家尚未想到专制君主政体有改革的必要……"在张氏看来，中国自秦汉以来的政治体制就是专制君主政体。而笔者认为，这也是"五四"新文化运动以来学界对中国传统社会政治制度的最大误解。

其次，张氏提出"复兴儒家哲学是现代化的途径"一说。他从四个方面论述儒家哲学复兴之必然：一是“理智的自主”：针对孟子所主张的仁、义、礼、智“四心”以及“心同、理同”之说与古希腊柏拉图《共和国》里关于“哲学家由于经验而处于优越的地位。哲学家是唯一具有智慧与经验的人。……所以，作为以推理为主要原则的人，才有最快乐的生活”的说法，张氏说：“我们发现在听、视与思之间，孟子和柏拉图作出相同的对比。”二是“心的作用与思考”：孟子说：“耳目之官不思，而蔽于物。物交物，则引之而已矣。心之官则思。思则得之；不思则不得也。”柏拉图则说：“我的意思是说，看的或听的是真实的吗？”“最好的思考，是当心灵全神贯注和没有事物烦扰它的时候——无所听、无所视、无所苦、无所乐——当它离开身体，并与身体尽可能无关的时候，当它没有身体上的感官或欲望，而只一心追求真实的时候。”张氏认为，在此点上，孟子的见解和柏拉图是一致的。三是“万物”：孟子认为学问必基于类或万物的观念。张氏认为孟子看得很清楚：分类的方法是做学问的第一步。而柏拉图和亚里士多德都是提出万物的创始人，在此点上他们又是一致的。四是“物质世界与抽象世界”：张氏认为，朱熹与亚里士多德都认为宇宙与万物同等重要，没有一个是脱离有形世界而腾升到无形世界的。他指出：“朱熹说‘理’（精神）在‘气’（物质）中，没有‘气’，便没有‘理’。”“亚里士多德认为：既然精神与物质接触，运动必然发生，这种运动没有始也没有终。”张氏还认为：“在自然方面，亚里士多德与朱熹都认为植物、动物和人均有生命，只是生活方式不同而已。”“在伦理学方面，他们思想体系中亦有若干相同处。”

再次，张君劢由上述得出结论：从思想泉源、包容超越性以及道德与知识的重要性三方面来看：“儒家思想的复兴并不与现代化的意思背道而驰，而是让现代化在更稳固和更坚实的基础上生根和建立的方法。”由此观之，张氏认为，儒家思想之所以可以复兴，在于其不与现代化（实际是西方化）的意思背道而驰。这说明他的出发点和归宿点都是西方的现代化，而儒家思想的复兴是要复兴到西方化去。

（三）张君劢先生现代新儒家学说的真相

张君劢先生为了在中国建立西方式的宪政民主制度，提出了上述复兴儒家思想的方法。如果把他的全部思想作一概览，笔者认为大致如下：

（1）思想理路。

西方：古希腊哲学与民主政体—文艺复兴、科学发展、专制君主及民主政体的兴起—欧洲走向现代化的里程碑。

中国：儒家哲学与夏商周三代的政体（与英国议会制度相似）—儒家思想的复兴、科学发展、专制君主及民主政体的兴起。

（2）实践理路。

西方：文艺复兴、宗教改革、科学发展—专制君主政体—宪政民主政体（古希腊民主政体）。

中国:儒家思想复兴(道德)、科学发展(知识)—专制君主政体—民主宪政政体(三代之政体)。

从上述张君劢设定的以西方宪政民主制度为普适价值、强儒家思想类比古希腊哲学、推出近代以来中西方社会制度的演变,从而画出以儒家思想的复兴推行西方民主政体的路线图来看,张氏所谓中国走向现代化的路径,实际上是打着现代新儒家的招牌巧妙推行西方式的宪政民主政治。

二、牟宗三:用西学改造儒学的现代新儒家

牟宗三(1909—1995),字离中,山东栖霞牟家疃人。中国现代新儒家的重要代表人物之一。1933 年毕业于北京大学,历任华西大学、中山大学、金陵大学、台湾师范大学、东海大学、台湾大学、中国文化大学、香港大学、香港中文大学等校教授。主要著作有《理性的理想主义》《道德的理想主义》《历史哲学》及《康德的道德哲学》《康德纯粹理性之批判》《康德判断力之批判》等三部译作。

牟宗三先生是一位在国内外享誉甚高的学者,在国内师从新唯识派学者熊十力先生,在国外学者中对康德情有独钟,因此,他的学说不免融合了二者的思想。熊先生的思想中受到易、孔及宋明道学特别是心性学思想的影响,这直接或间接地影响了牟先生的学术研究。

（一）牟宗三思想之来源

牟宗三师承熊十力，若清楚其思想之来源，必先了解其师的思想。熊十力（1885—1968），原名继智，号子真，晚年号漆园老人，湖北黄冈人。熊氏的哲学思想体现在《新唯识论》一书中，其基本原则是体用不二，体乃“心体”“性体”，致有心物不二、能质不二、天人不二。终其一生，他走过了援儒入佛—儒佛互参—舍佛归儒—宗儒融佛的过程。在青年时期，西学正炙，熊十力自然受其影响，并在道德形上学中试图开出知识论建构，在中西融合会通中创造新的哲学形态，以此解决宇宙人生的根本问题，以便为顺利地移植西方现代文明打下基础。像那个时代的所有学者一样，熊十力也是汲取与借鉴了近代西方哲学范式，以“体用不二”的本体论、“翕辟成变”的宇宙观、“境不离心”的认识论以及“天人不二”的人生观构建了自己的哲学体系。但是，熊十力在批评佛学和西方哲学割裂体用的同时，自己也有割裂的趋向，尽管此一趋向他没有继续做下去。熊十力“量论未做”之憾由他的学生牟宗三等继承、发展，得以成论。

在西方哲学家中，牟宗三对康德最为推崇且用力最深，不仅翻译了其批判哲学的三部力作，而且深受其影响。熊十力试图在道德形上学中开出知识论建构，以便顺利移植西方现代文明的愿望和设想的蓝图，在牟宗三苦思冥想出“坎陷”这一概念后迅速绘出，而这一取自《易经》的概念可能是受到康德“图型” 范畴的启发而产生的灵感(蓝公武译《纯粹理性批判》,商务印书馆1997年版)。

何谓“图型”?康德如此说:“在对象包摄于概念之下时,对象之表象必须与概念为同质;易言之,概念必包有对象(包摄于此概念下者)中所表现之某某事物。”“但纯粹悟性概念与经验的直观(实与一切感性直观),全然异质,决不能在任何直观中见及之。……然则直观如何能包摄于纯粹概念下,即范畴如何能应用于现象?其所以必须有此先验判断论者,正因此极自然而又极重大之问题。诚以吾人必须能说明纯粹概念如何能应用于现象。至其他学问则实无一有须此种说明者。”“此必有第三者,一方与范畴同质,一方又与现象无殊,使前者能应用于后者明矣。此中间媒介之表象,必须为纯粹的,即无一切经验的内容,同时又必须在一方为智性的,在他方为感性的。此一种表象即先验的图型。”

何谓“坎陷”?《易经·序卦传》说:“物不可以终过,故受之以坎;坎者,陷也。”这一卦的上下都是坎卦,除乾、坤二卦外,坎卦为最先出现的“纯卦”。此卦是一阳陷在二阴中,上下虚而中实在,表象诚信而能豁然贯通。牟先生可能看中的就是此卦之“纯”和“诚”,因此他对“坎陷”作如是说:“认识心之静处而与物对,因而具有外在关系,吾人将溯其根源于形上的心之坎陷。”“理解(即知性)陷于辨解中始能成知识,而陷于辨解中必有成就其辨解之格度,是以格度之立全就理解之坎陷一相而言之。”(以上引

自牟宗三《认识心之批判》)

“格度”何意？即知性(牟氏所谓“理解”)构造知识的先验形式，一如康德之“图型”(或曰“构架”)；“坎陷”即辨解的开显，一如黑格尔绝对精神之辩证的展开。前者为“纯”，后者为“诚”，二者合而为一即牟氏对“坎陷”之新解。

比较康氏之“图型”与牟氏之“坎陷”，相异者几稀，“图型”为知性先验形式，强调“纯”，而“坎陷”既“纯”且“诚”，始能动静相随，辩证开显。

(二)“自我坎陷”——知性主体与道德主体

“自我坎陷”“良知坎陷”“良知自我坎陷”“道德理性之自我坎陷”是牟宗三先生在其著作中的多种不同表述形式，其中“自我”“良知”“道德理性”是对中华传统思想的核心——“道”或“心”的表述形式。以牟氏的逻辑理路，“道”或“心”有的是理性之运用表现，即“综合的尽理之精神”，但缺乏理性之架构表现，即“分解的尽理之精神”。他说：“论境界，作用表现高于架构表现。但若缺了架构表现，则不能有建筑物。是以中国文化一方面有很高的境界，智慧与气象，而一方面又是空荡荡的，令近人列举的头脑发生太惨的感觉。……所以中国不出现科学与民主，不能近代化，乃是超过的不能，不是不及的不能。”而牟宗三的创建恰恰在于通过“理性的自我坎陷”，让“理性的运用表现”否定自身，以为西学的“理性之架构表现”让出主宰地位，以便贯彻“分解的尽理之精神”，形成西方式的“知性主体与道德主体”，开出科学与民主。这是试图以西学改造儒学的理论诉求，并构建起自己的知识主体。对此，笔者实不敢苟同。笔者认为，中华文化是道本文化或曰心本文化，是有心统摄、“合且通”的生机文化，如果贯彻“分解的尽理之精神”，那就会解体剖心，消亡中华文化！如果非要用牟先生的逻辑话语，也应该是这样的：通过让西学“理性之构架表现”否定自身，转变为自己的对立面而成“理性之运用表现”，即通过中学之“理性之运用（和合生生）表现”于西学，使之转变为“理性之工具（器用）表现”，使产生自西方的科学与民主中国化。因为在中国人的思想中，形上之道（或心）与形下之器只是一体流通，并无间隔。只有中国人的“仁智之心”才具有“统摄万物”“内在贯通地观之”（格物致知）之良知和“无限一统，大而化之”（致知格物）之良能。中华民族近两个世纪的斗争和建设实践的伟大成果正是科学与民主的中国化和“中国道路”的完善成熟！

（三）生命本体与机械本体

牟宗三先生以“坎陷”为中介试图由内圣开出外王，即西方式的科学与民主，实际是把内圣与外王分隔，是以西学“分解的尽理之精神”剖解了儒学“综合的尽理之精神”，从一开始就假儒学之话语，将西魂注入到了中学（儒学）。像所有“五四”以来欲在中国实行西方式的科学与民主的学者一样,牟先生并没有搞清楚中华文化与西方文化是当今世界上两大异质的原创型文化:前者主张宇宙生命本体,后者则主张宇宙机械整体。牟师熊十力认定体用不二,他虽有"顺利地移植西方现代文明"之愿望,但终至抱"量论未做"之憾,个中缘由实际是难圆中西文化之相融相成之梦,又不愿意放弃立命之本的儒学。熊十力以儒融佛著《新唯识论》,却又批评佛学和西方哲学割裂体用,就已表明在思想学术上陷入了不解的困境。牟氏要继承老师之遗志,就必须在两大原创型文化中舍一取一,他最终选择了西学,又不想像"启蒙"思想家那样公开宣称打倒"孔家店",与传统文化决裂,而是试图以西学范式构建现代新儒学,欲收中西调和、内外圆成之功,结果却成外中内西、儒身西魂之果!笔者认为,作为一位严肃的学者,这样的结果是牟先生所始料未及的。有意味的是,熊十力先生始终保住了自己的"中国心",而矢志继承老师遗愿的牟先生的学问则失去了自己的"中国心",由此留下了遗憾。

三、第三代现代新儒家

在现代新儒家群体中,第三代的生平履历与前两代有着明显的不同,他们大多从中国的香港、台湾等地区去了西方国家。作为一个群体活跃于海外思想文化舞台,第三代现代新儒家致力于中西文化的交流,不仅见证了亚洲"四小龙"经济的快速发展,更经历了改革开放后中国的经济腾飞和世界政治经济格局的巨大变迁。他们有机会、有条件往返于中国和其他国家特别是西方国家之间,可能对他们近些年思想观念的变化起了重要作用。本节试对第三代的成中英、余英时、刘述先和杜维明四位先生的思想进行综合探讨。

1. 成中英

成中英,1935 年生,美国夏威夷大学教授。成先生提出中国政治哲学愿景中的两个基本原则是:(1)世界上所有的国家都应获得同等的尊重。(2)对于不同地方不同的人民来说,采用不同的政治组织形式可能是最有益的。

在中西比较方面,笔者很赞成如下三点:(1)中国人是本体的,西方人是分析的。(2)西方的叫外在的人文主义,即相对中世纪神学而言;中国的叫内在的人文主义,即不把万物排斥于人。(3)西方的叫机械的自然主义,即把自然看成是一个机械的工具加以运用,因有一个超越的主体"上帝";中国的叫有机的自然主义,即把自然看成是有生命的运动的整体,人可以与之沟通。

关于普世价值,成先生也提出了独到的见解,认为"基于任何普世价值都有特殊性的一面,而不能脱离特殊性来谈,我们必须说尊重特殊性方是发展普世价值的重要手段"。这里笔者仅举非常关键的上述三个方面,对于分析认识、比较判断中西文化是极具参考价值的。

成先生中西文化比较的上述重要观点,有的笔者曾经引用(见《心论集》,中国文联出版社 2003 年版)。而且笔者以为从这些观点中应该能够合乎逻辑地引申出中国传统治国理政的思想，但成先生只停留在哲学思想的层面或道德哲学的层面，也未能从传统文化中创造性地转化出具有民族特色和时代性质的政治哲学、经济理念和文化学术思想及其实践设想。这可能与他受到"五四"新文化运动以来中西文化的冲突以及后来长期留学、工作、生活在海外而受到西方分析哲学思想的影响有着密切的关系。虽然如此，成先生的学术思想对振兴中华优秀传统文化以及当前兴起的"国学热"仍有着重要的参考价值。

2. 余英时

余英时，1930 年生，美国普林斯顿大学讲座教授。余氏师承钱穆先生，思想既承其师又有独到之处。在其学术观点中，笔者较为关注的有以下几点：(1)"仁"是对周礼的升华，给制度性的礼加以精神的内核。笔者赞成以礼为制度性规范，以仁为精神内核。(2)以"师"的面貌出现的"士"，即传统的士大夫群体是"道"的载体，一代一代薪火永传，成为中华民族精神的一部分。这应该就是余先生所说的"哲学家的道统观"；(3)粗糙套用早期欧洲的断代方式，把中国历史分为古代史、中古史和近代史。笔者认为，不管这一断代方式有什么优点，都不可能充分阐述具有鲜活地域性传统的中国文化。余氏的这些观点可以窥见钱穆先生的影响。

笔者对于余先生《士与中国文化》一书的主要思想观点还是赞同的，从中也初步了解了余先生。近来，笔者又较为认真地研究了余先生的一些议论、观点,对其有了比较全面的了解。给笔者的基本印象是:余先生试图援儒入西,属于儒面西魂的“现代新儒家”。

余先生曾说:“儒家价值怎样在今天再发挥正面的作用,这是一个极复杂的问题,不是三言两语说得清楚的。简单地说,我认为在儒家价值与现代社会之间建立制度性的联系是行不通的。”笔者认为,余氏研究儒学的目的之一是为了证明以儒家学统为主体的中国文化传统不具有现代社会的质素。

余先生开出中国现代化的药方是清楚划定“公共生活领域”和“私人生活领域”的界限,并说:“在‘公领域’我们必须靠政治体制、法律、宪法之类的机制来运作……这是全体人民通过选举、代议机构等等来决定的。但在‘私领域’中,每个家庭或个人都有权选择自己的价值体系,儒家、佛教、道教、基督教或伊斯兰教都可以是选择的对象。儒家不是有组织的宗教,今天只能靠家庭、私人个体来传播,国家权力不宜介入。”余先生的逻辑是,先预设“公领域”与“私领域”的清楚界限,再以儒学换成中华文化整体并力图割断儒家价值与现代社会之间的制度性联系,最后再说出自己认为具有普适价值的西方制度文明。余先生所论其实是在中国实行“西方式的‘公领域’+中国文化的‘私领域’”,由此完成自己的儒面西魂的“现代新儒家”的构建。应该说,余先生的思路与观点依然是以西方主义为中心的,所以笔者不能认同。

3. 刘述先

刘述先,1934 年生,香港中文大学哲学系讲座教授,师从方东美先生。给笔者留下深刻印象的是刘先生的两篇文章:一篇是《系统哲学的探索》,另一篇是《"理一分殊"的现代解释》。

《系统哲学的探索》一文是笔者感到在第三代新儒家中最具"中国味"的论文,主要从以下七点见得:一是"人生一个最大的吊诡是,人必把自己通于天地才能真正体现自己的生命"。二是"就低限度来说,我们必须肯认宇宙是一气流通的,否则就无法解释内容与形式,心与物,存有与价值之间交感与互动的事实"。三是"人建筑在传统的基础上,不断开创新的境界"。四是"神话宗教是另一个层面的问题,不必与科学相冲突,而泛科学主义本身却是一个带有强烈破坏性的要不得的神话"。五是"现代西方由于科技方面的进步,在文化发展上似乎站立在一种先进的地位。但把科技的方法无限制的应用却在文化上造成一种危机,而在西方内部产生了反抗的潮流"。六是"人的架构本是一个主客相应的整全体"。七是"人一方面永远不断在开辟新境界,冲破旧藩篱,故此我们无法完全预见未来的发展,但在另一方面,这中间又有一脉相承的线索,乃可说是万变不离其宗。在这样的情形下,人的终极关怀无法安顿在任何已有的成就上,而只能交托给人的无穷尽的创造力,生生不已,不断发扬人性的深刻体验与智慧"(见《百年中国哲学经典·八十年代以来卷》,第 553 ~ 562

页)。笔者摘录的这些论断是刘先生在与西方哲学系统进行比较的基础上得出的,从中可以见得刘先生在中西哲学思想比较研究中的基本立场和对未来哲学改造方向的基本态度。

在《“理一分殊”的现代解释》一文中,刘先生对宋明道学“理一分殊”这一命题专门作了现代解释。他在该文《序言》里说:“我所要做的工作是如何往自己的传统之内去觅取资源,加以现代的解释,以面对现代性之挑战,而寄望于未来。当前的课题是给与‘理一分殊’以崭新的现代的解释,以回应当代哲学所提出的一些问题的挑战。”这充分说明刘先生已经认识到,中国传统文化资源经过现代解释,完全可以应对当代哲学提出的一些问题的挑战。传统思想资源进行现代解释所要应对的两个挑战是:中国现代性之挑战与当代哲学之挑战。刘先生觅取的资源是“理一分殊”。

那么,刘先生是如何应对中国现代性之挑战的呢?他指明,机械论当作一个哲学来说是一个错误的哲学,而中国完全缺少机械论的思想。可正因如此,西方产生了科学与民主,中国却没有;但即使中国没有受到西方的冲击,也不会自己发展出现代科学与民主来。于是刘先生说:“中国人必须打破自己传统的窠臼,才能够在一种更新颖更丰富的方式之下体现传统的理念。”如果说得直白一些,就是以打破传统来体现传统。刘先生将此现象称为“吊诡”。

在回应当代西方哲学挑战方面,刘先生是如何运用

"理一分殊"原则的呢？这就是：既要以现代来批判传统，也要以传统来批判现代。以现代来批判传统已如上述，那么，如何以传统来批判现代？刘先生从西方后现代理论切入，因为"当前西方一方面走进一个从前无法想象的未来主义世界，另一方面却又重新肯定一些一度为现代所唾弃的古老的东方的精神价值，使得人掉进一种极为惶惑的心理状态之内"。而"'理一分殊'的再解释乃可以给我们一盏明灯，指引我们往一条康庄大道走去，以免误入歧途之中"。为此，刘先生对《哲学以后》一文所涉及的西方14位有代表性的哲学家的作品进行了回应，这些人都是所谓西方"后现代"哲学家。刘先生认为"理一分殊"这一古老的超越（理一）且内在（分殊）的原则经过现代解释，正可以回应当代西方哲学陷落在实在论与相对主义的对立中。

4. 杜维明

杜维明，1940年生，美国哈佛大学教授。20世纪90年代末，笔者在《百年中国哲学经典·八十年代以来卷》中看到了杜先生撰写的《儒学第三期发展的前景问题》和《文化中国：以外缘为中心》两篇文章，对其思想有了大概的了解。

《儒学第三期发展的前景问题》一文中，杜先生梳理了1919年"五四"运动以来中国知识分子对古今中西之争的反思时所形成的两种矛盾的论点，即"一方面是认定中国传统文化不能振兴中华，不仅不能促进中国走向现代化而且是中国现代化的阻力，必须彻底摧毁才能为拥抱西方现代文化创造有利的条件；另一方面则是极力排斥欧风美雨，把西化当作人心不古、道德沦丧的祸源，进而宣扬国粹，为维护传统文化而效命”。前者走向了全盘西化论，后者则坚持国粹论。随后，杜先生论述了西方现代文化的优劣短长和中国传统文化特别是儒家传统中蕴含的民族性格、社会心理和价值取向的合理性，并从“文化认同”的角度提出了“不能武断地判决传统文化为封建遗毒，不能用‘强人政策’（或‘弱者政策’）来丑化曾在塑造民族性格、培养社会心理、规定价值取向方面发挥巨大作用的精神资源，不能以西方现代文化的标准为标准，不能把传统文化当作业已死亡或僵化的历史陈迹，更不能盲目地反对传统。我们应当培养自知之明，对传统进行全面而深入的反思：认识其个性，了解其内容，体会其动源，掌握其来龙去脉，如此方可争取到评价的资格，才能开展批判继承的文化事业。”这段话非常有道理，特别是对中华传统文化的评价很有见地。以此为先决条件，杜先生展开了儒学第三期发展的前景问题的研究探索。

接下来就是怎么办的问题。杜先生就儒家传统所塑造的价值取向提出四个问题：“其内在逻辑是什么？其本体——宇宙论的基础又是什么？其理想人格如何培养？其认识方法又如何掌握？”杜先生提出从认识儒家的价值取向着手，可以探讨其前景问题：一是“中庸之道”确是儒家传统中值得汲取的源头活水。二是儒家传统所体现的勤劳、沉毅及勇猛精进的优点更是不可或缺的精神资源。

三是儒学要有进一步发展就不得不做一番掘井及泉的功夫，以让儒家传统（当然不排斥在中国文化中源远流长的其他传统特别是道家和佛教）的源头活水涌到自觉的层面。杜先生对儒学第三期发展的前景侧重于从“中庸之道”中汲取源头活水以探求其内在的逻辑，以儒家传统所体现的勤劳、沉毅及勇猛精进的优点打造民族的理想人格，以掘井及泉的功夫让儒家传统（包括道家和佛教）的源头活水涌到价值取向的自觉层面。在此发展前景中，我们看到了儒学第三期发展的宇宙观、人生观、价值观的前景，而没有看到其物质、制度层面的发展前景。不过，我们在《文化中国：以外缘为中心》一文中可窥其全貌。

在《儒学第三期发展的前景问题》一文中，杜先生对美国汉学家列文森（Joseph R. Levenson）在其《儒教中国及其现代命运》一书中提出的“儒教中国”不以为然，他说：“‘儒教中国’可以理解为以政治化的儒家伦理为主导思想的中国传统封建社会的意识形态及其在现代文化中各种曲折的表现。这也是国内一般所理解的封建遗毒。”这些封建遗毒大致包括自然经济的保守思想、家族社会的封闭心理和权威政治的官僚主义等，由此而来的礼教的约束、权威的压迫、思想的禁锢和宗法的腐蚀形成了民族的“集体下意识”，这些是阻碍中国强大、进步的潜势。因此，消除封建遗毒的利器不可能是儒教中国，而是来自西方现代文化和儒家传统本身。因为“儒家传统和儒教中国既不属于同一类型的历史现象，又不属于同一层次的价值系统”。

既然儒教中国不是消除封建遗毒的利器，那么，杜先生放眼华人世界，提出了“文化中国”的命题以代替儒教中国。为此，他撰写了《文化中国：以外缘为中心》。文中，杜先生提出了审视文化中国的“三个象征世界”，即中国大陆，中国台湾、香港地区以及新加坡是第一个象征世界；由世界各地的华人社会所组成的是第二个象征世界；由包括与日俱增的国际人士例如学者、教师、新闻杂志从业者、工业家、贸易商、企业家和作家则组成了第三象征世界。其核心思想是：香港对整个中国内地尤其是广州大都会和深圳特区的文化冲击至深，未来10年里可能变得更加显著。而来自中国台湾地区和新加坡的学者、教师、顾问、商人、新闻业者和观光客对中国现代化的影响，更能明白地显示中国某些地区和社会阶层在未来数十年里受其影响的巨大潜力。

笔者认为，杜先生的这篇文章更多地阐明了“外缘”地区在经济、物质层面对中国的影响，而不是“文化中国”受“外缘”地区的影响。相反，中华传统文化博大精深，厚重一样，是中华道学与道统深刻地影响了“外缘”地区，从而最终形成了丰富多元、兼容并包的中国文化！

“国学”新议

（一）如何看待国学

什么是国学？“五四”新文化运动时期，章太炎提出“国故”的概念，胡适提出“国故学”，后来又去掉了“故”字，变成“国学”。所以说，当初的“国学”是指过去的传统学问。但时至今日，国学成了一个争论不休的话题。笔者认为，应从“国学”这门学问的提出、发展、演变过程说起。

当年，西学东进，哲学、科学、艺术、宗教、政治、经济、文学等一下子涌了进来，这些学问与中国传统学问大不相同；此外，西方人在中国的吃喝玩乐、举止言谈也与中国人有别。也就是说，从思想学术、思维方式到生活样式都与中国人不一样。单看生活样式，中外差别一目了然；但若看中西学理，虽有不同，却非几句话能够说清。为了弄清楚中西文化的差别以及各自的特点、优劣，于是有了中西文化比较研究这门学问。洋务运动提出“中学为体,西学为用”,以“中学”与“西学”相对;到了“五四”新文化运动,“中学”之旧与新似应区分开,于是将“中学”之“旧”即传统文化称之为“国学”,而其“新”即新文化运动所提倡者称之为“新学”。严格说来,“新学”就是“在中国的西学”。这样看来,在“五四”新文化运动时期,所谓“国学”主要是指经、史、子、集等传统文化。

但是,从国学之出现至今,并没有一个权威而确切的界定或者定义,这使得国学的寓意日渐宽泛起来,诸如诗词歌赋、琴棋书画、戏剧小说甚至民间杂耍、剪纸泥塑等也被称之为“国学”,当然,天文术数、农工商医也涵盖其中。改革开放后,国学似乎又有了新的含义,已经没有了“旧学”的意思,有的是与世界其他国家文化相对应的中华文化之义。就文化概念来说,可能有上百种,笔者只钟情于两种:受到梁漱溟先生说法的启示,文化是生活样式在观念上的折射,一个民族的文化是这个民族生活样式在民族观念上的折射,此其一;其二是庞朴先生关于文化三部分的论说,即物的文化、心物结合的文化和心的文化。前一个概念是从生机整体上言说的,后一个概念是从生机整体内部分别开来言说的。

如此说来,国学作为中华文化,从生机整体上看就是中华民族生活样式在观念上的折射。它不仅是汉民族的,也是其他少数民族的;不仅是历史传统的,也是现当代的;不仅是民族的,也是时代的。从分别来看,国学包含着物的部分(国家硬实力)、心物结合的部分(国家基本政治社会制度)和心的部分(国家软实力)。笔者正是从这个意义上来看待今天风靡全国的“国学热”的,它是中华民族振兴、民族文化复兴的前奏,这股思潮是不可逆转的。

(二)如何评判“国学热”

国学热的兴起意味着什么?不同的人会有不同的答案。笔者以为,国学是中华民族的精神支撑、精神家园。不过,由于百多年来它被扣上太多“莫须有”的罪名,被泼上太多本应属于西方的污物,以致本来的面目几乎消失,其在国人心目中剩下可亲可近的东西已经不多,虽然我们每时每刻离不开它,时时处处践履着它。所以,当这场文化热悄然兴起时,人们并不知道应该做什么、怎样去做。一时间,国学成了各种学说都可借用的招牌,成了某些人打着国学反国学的遮羞布;而一些宗教迷信、异端邪说也混进国学招摇欺骗;甚至鼓吹西方自由民主的自由派也打着国学旗号借机大肆宣扬其西化论调。当然,在国人还没有搞清楚国学与西学的本质异同何在、传统与现代的关系如何等问题,反而脑子充满了非专制即民主、非自由即独裁、非科学即迷信的西式逻辑的集体潜意识情况下,这场刚刚兴起的国学热确有清浊不分、泥沙俱下的情形,因而学术界出现了五花八门的评价,但基本上囿于“五四”新文化运动以来以西学为原则进行评价的范畴,即以西方中心主义原则为依据。笔者仅举三种观点:

1. 国学过时说

国学过时说并非始于今日,从中华传统文化被冠以"国学"起就是为逝去的文化而取的名字。当年,胡适以国故等同于国学,他的"研究问题,输入学理,整理国故,再造文明"的"十六字纲领"就确立了国学在"启蒙"思想家们思想中的地位和命运。展开来说即:"一方面是讨论社会上,政治上,宗教上,文学上种种问题。一方面是介绍西洋的新思想,新学术,新文学,新信仰。前者是'研究问题',后者是'输入学理'。这两项是新思潮的手段。"何谓"整理国故"? 胡适说:"整理就是从乱七八糟里面寻出一个条理脉络来;从无头无脑里面寻出一个前因后果来;从胡说谬解里面寻出一个真意义来;从武断迷信里面寻出一个真价值来。"而"再造文明"是新思潮的唯一目的,即打造所谓西方式的文明中国。那么,这四句话串起来就是针对诸如孔教问题、文学改革问题、国语统一问题、女子解放问题、贞操问题、礼教问题、教育改良问题、婚姻问题、父子问题、戏剧改良问题……用输入的学理整理那些"乱七八糟""无头无脑""胡说谬解""武断迷信"的国故,从里面寻出"条理脉络""前因后果""真意义""真价值",以便一个问题一个问题地解决,一点一滴地造成新文明[参阅拙著《心论集(续)》,人民文学出版社 2012 年版,第 57 页]。

遵从胡适先生的话,时至今日的某些学者或者对"国学热"指手画脚、说三道四,或者混进来借机宣传从欧美搬运来的所谓自由民主的观念。因为在这些人的骨子里,早就认为国学是死亡的过时了的文化，早已不合当今世界的潮流及他们所说的以西方民主为代表的民主潮流。

2. 国学科学说

西方科学传入中国大致出现了两种趋势，一是逐渐本土化而成为中华文化的一部分，二是固守其“原教旨主义”的科学观，试图将中华文化科学化、西学化。正因为此，国学科学说颇有些市场，特别是近百年来，提倡科学与民主，批判传统文化，国人头脑中的泛科学主义已经根深蒂固。民族的传统文化被人为地解剖为好的东西和坏的东西，好的东西就被贴上科学的标签，不好的东西就被打上反科学、伪科学或迷信落后的标牌。但在以西学为原则的前提下，原本就独立自主走另一条道路的中国传统文化遭受了不公正的对待。在人们并未搞清楚中西文化的异同点而自西学大量涌入中华本土后的一个多世纪里，产生于西方的“科学”总是被当作普遍真理的化身而成为检验中华文化真理性的标准，由此一些人便大打“科学普适价值”牌，认为凡不合科学规律的事物便是伪科学、迷信，甚至对中华民族几千年的中医药学也“大打出手”，将其称为伪科学、封建迷信，必欲除之而后快。

笔者不赞成“国学科学说”，理由有二：

第一，国学乃是中华民族先民感悟天、地、人之关系创生、成长、发展而成的。天地阴阳大化流行，生生不息，创生万物，人乃其最高最全之创生物，与宇宙通体合一。因此，中国先民视宇宙为一无限与有限合一之生命本体，人们所见所触之天地万物也无不是无限与有限合一之创生物,其可见可触之个体是有限性表象,其作为宇宙生生不息之环节是其无限性之真迹。若只见其个体性分而析之,则其无限之生命之环被切割。犹如一个人,若只见其由不同器官之组织而成,而不顾其内在生机之关联而解剖之,对其各组织外观之形状、作用、功能可有清晰之了解,但再综合起来已非人之生命整体。所以,像西医的解剖学一样,西方人总是面对一个个无生命之实体,而不用顾虑其内在之生命和谐,运用逻辑学和实证方法发现一个个实体现象之间的规律,成就了科学知识体系。但是,中国先民认为宇宙生命整体的和谐重于一切,人是宇宙之心,只能全身心地体悟其生机活动,并推而广之,重视自然生态和谐、社会生态和谐、家庭生态和谐、自身生命和谐。

第二,科学是古希腊人立于思维与存在两分之立场,视宇宙为有限实体组合之机械本体。思维逻辑与现象实体之因果外在关系指引西方人不断探求有限宇宙之本原。他们不断地分析现象实体,探索其背后的因果必然规律,为此,整个宇宙和人都成了其分析研究的对象,只有"上帝"赋予的思维及其方法才是主体,其他都成了客体对象。西方人在不断地分割宇宙实体的实践中发现了科学知识体系。在西方人看来,只有彼岸的"上帝"才是全能的创世主,他们不过是代"上帝"来到这个星球认识它、改造它、利用它,即代上帝立法。那个无限全能的"上帝"与这个被"上帝"创造的有限的宇宙是分隔的、对立的。

这样来看，中国人认为自己是宇宙生生不息的大全之“心”，成为宇宙和谐的传承者、维护者，其性本善；西方人认为自己是带着原罪来到尘世，宇宙不过是任其宰割、立功赎罪、拯救灵魂的场所，其性本恶。所以，中国人的创造发明是天地生生的延伸，是生活之道；把天地作为自己家园的中华民族是其忠实的保护神，当然也是让科学归顺伦理的主人。

综上所述，中国人的学问是人文精神的，西方人的学术是科学本质的。“国学科学说”可以休矣！

3. 国学自救说

这一说法是由华中师范大学国学院院长唐翼明先生提出来的，具有一定的影响。唐翼明先生的原话是：“国学热实际上就是中国人自发的一种文化自救和道德自救。”（武汉大学“素质教育讲堂”《百年文化反思与国学热》，2013 年 9 月 7 日）乍听对国学热如此界定很有道理，但如果了解了其主要观点，不免令人失望。

透过演讲和记者的采访，笔者认为，唐先生的国学观并未超越“五四”新文化运动以来以新儒家学说为代表的观念。他多次提到儒家、孔子，将其置于独特的地位，而其他诸子几乎未提或少有提到。当然，笔者并不认为唐先生要把其他学派置于国学之外，而是要把诸子百家分隔开来，似乎中国传统文化只要研究孔子思想就可以了，这是百多年来研究中国传统文化的学者中司空见惯的路数，而这种路数是照搬或模仿西方学术范式的。

笔者认为,今天我们谈所谓国学,可界定为以道(心)为本的文化,即道学。道学是中华民族大家庭中各民族学问、各流派学说的概括,它无限一统的本性绝不排斥西方文化以及世界上所有其他民族的文化,因为道是大化流行、氤氲化生、生生不息、创造一切的生机活物。而人是天地之心,其性与道同,其情与道通。道化天道、人道、地道。孔子所创儒家重人道,但讲人道离不开天地之道;老聃所创道家重天地之道,但讲天地之道还要落实在人道上。至宋明道学划分为理学(气学包含其中)、心学,前者讲性理,后者论心性,是改造、融合了道、佛二教之学理而成。所以,中国学问是理一分殊、汇众归一的生机整体,各学派是相反相成、补偏救弊的关系本位。在各家学说中,儒家学统是其正统,但非中华文化之全体,仅以儒家思想论说中华文化不仅说不通,还会产生偏见。

(三)"国家热"之命运

党的十八大报告明确指出:"文化是民族的血脉,是人民的精神家园。""建设优秀传统文化传承体系,弘扬中华优秀传统文化。"这反映了国家对传统文化的高度重视。而随着十八大精神深入人心,中国人一定会把焦点集中到"建设优秀传统文化传承体系"上来,构建好自己的精神家园,创造新时代的中华道学,延续、传承民族血脉,创新发展中华道统!

"国学热"与教育息息相关。按照中共中央关于教育领域综合改革决议，新的教育领域改革的重大举措有利于中华优秀文化传统的继承、发展和创新，有利于建设优秀传统文化传承体系，对于推动国学普及、提高、创新起到促进作用，使方兴未艾的民间性“国学热”向着更高层次发展，并与国家培养优秀人才的正规教育相结合奠定了坚实的制度性基础。

“国学热”与建设社会主义文化强国、增强国家文化软实力密切相关。中华文化走向世界必须是民族的优秀文化，其他任何外来文化都必须要中国化。没有中国化的外来文化是其他国家的文化，不是中国的软实力，没有说服力，所谓文化强国就是一句空话！能够勇于和善于吸收外来文化成果是文化强国的表现，但文化强国的根本还在于民族的原创文化，这是文化强国的核心和旗帜。

封建时代的中华道学

——兼魏晋、明末清谈浅见

在中国道学史上曾经出现过两次颇为类似的文化现象,均发生在郡县一统的封建社会:一次是魏晋时期士大夫的清谈,另一次是明清时期文人们的清谈。对历史上这两次思想学术的大讨论,今天的学术界似乎否定的多,肯定的少。笔者在此想换一个思路评判一下这两次“清谈”在中华道学发展史上所具有的重要作用。

一、魏晋时期的“清谈”

魏晋是中国历史上思想学术最为活跃的时代之一。近现代以来,中国思想史家把这一时期的思想学术活动界定为“玄学”。笔者认为,以“玄学”定性魏晋学术思想并不准确,似有把中国一以贯之的思想传统分解、割裂之嫌,故于拙文《道兮归来》中将其命名为“魏晋道学”,寓意中华道本文化发展到魏晋时期的情形及其在道学史上的地位、所起的作用(详见拙著《心论集(续)》,人民文学出版社2012年版)。

(一)清谈的时代背景

中华民族自炎黄时代开化悟道,其核心是人文精神与和合观念的合一。经历近两千年的演进,至春秋战国而成中华道本文化之体,形成了中华道学。秦汉一统长达四百多年,华夏族融百族而创生以汉民族为主体的族统,儒家融合百家诸学而荣升为中华道学之正统,汉武帝杂霸王二道而用,成封建一统之道,成就两千多年之治统。至此,中华民族拥有了族统、道统、治统三位合一之文化精神。

中华民族生息繁衍三千年至汉代,其文化已经上升到一个高峰,即天人合一观念的形成。东汉末年社会危机的加深和大一统政治局势的瓦解以及印佛文化的东来,中华道本文化开始了自我生生的一个新阶段。

我们认为,观念形态的文化一旦创生,其精神活动在人的全部生命活动中便起着主导作用,其在不断累积的生命活动中有一股向上奋进的激情,从天人分别而产生的互动中,感悟到天人合一的崇高境界,这是中华文化刚健有为、生生不息三千年达到的时代最高峰。于是,为巩固前期的精神活动成果以开继续向上奋进之新局,一个从反向运思的精神活动的时期开始了，这就是魏晋南北朝儒、道、佛三学互动参悟、钩玄探幽以创生新时代中华道学的三百年历程。

（二）对清谈的理解

清谈似乎不务实际，却又离不开实际，这个实际就是对天人合一的辩证思考。注重政治社会人生的儒家在有汉一代四个多世纪的磨合历练中，吸收消化了道、阴阳五行、法等诸家学说，确立了在中华文化整体中的正统地位，完成了天人合一的思想建树。但于天道自然的思考探索，单靠儒家难有进展。于是，社会的分裂造就了学派争鸣的机遇、条件和环境；而大道生生、阴阳和合的辩证活动适时地为中华文化向上奋进以达至更高级的精神活动境界开辟了新途。外来佛学的东进，也为中华文化的再次腾飞注入了新的异质元素。有的学者把魏晋南北朝时期的思想活动定位为“玄学”，似有不妥，笔者以为定位为“三学钩玄从大体”更为准确。所谓“三学钩玄从大体”是指儒、道、佛三学互相参化，讲自然究名教之理，说名教通自然之道，论有无，明体用，佛攀道，道参佛，创生新时代的道学，为三学汇合中华道统做好准备。

1. 清谈之历史传统

清谈，古已有之。学界多以为易、道自巫祝演变而来，而巫祝者流尚思辨，善论说，是后世士林的前身。到了春秋战国时代，学派纷呈，百家争鸣，其中名家、辩家、纵横家等亦善论争辩难，此开清谈之先声也！但为什么魏晋南北朝的清谈之风备受后人关注呢？笔者非常赞同葛兆光先生的看法，即“儒学传统中，有一个最薄弱与最柔软的地方特别容易受到挑战，他们关于宇宙与人的形而上的思路未能探幽寻微，为自己的思想理路找到终极的立足点，而过多地关注处理现世实际问题的伦理、道德与政治的思路，又将历史中逐渐形成的群体的社会价值置诸不容置疑的地位。于是，当人们不断追问这一思路的起源以及其合理性依据时，它就有些捉襟见肘”（葛兆光《中国思想史》第1卷，第319页）。其实，并非汉及汉以前的诸儒不能或不愿探索自己思想理路的终极立足点，而是“势使之然也”，他们对“言性与天道”只能存而不论。两汉四百多年的大一统成就了儒学意识形态十分庞大的体系，它几乎笼罩与涵盖了一切：“它给生存在其中的人们一个印象，即一切臻于完美，人们只要在它那一套架构中调节自己的生活，补充自己的知识，完善自己的心灵，就一切完美。”（葛兆光《中国思想史》第1卷，第307页）但是我们看到，这种完美只是给人们带来了生活需要的满足，并未给人们以精神安息的终极之所。天人合一不能满足精神追求自我圆融的需要，它要冲决这个罗网向更高更深处奋进。于是，现实性的大一统政局瓦解后，大一统的意识形态体系也被冲破，而无拘无束、飘逸奔放、豪爽自由的清谈之风渐趋风靡。正如南朝梁阮孝绪所说：“至道之本，贵在无为。圣人之迹，存乎拯弊。……不垂其迹，则世无以平，不究其本，则道实交丧。丘、旦将存其迹，故宜权晦其本，老、庄但明其本，亦宜深抑其迹。……迹须拯世，非圣不能。本实明理，在贤可照。"

不过，学界多以为魏晋南北朝清谈之风始于魏正始年间，独吕思勉先生有异见。他说："清谈之风，世皆以为起于魏之正始，亦非其实也。""秦、汉之世，黄老、老庄之学，传授迄未尝绝……其中如杨厚、范升、马融、虞翻，皆儒家，而或修黄老教授，或为老子训注；升与向长所习，亦以易、老并称；此已道魏、晋玄谈之先河。"（吕思勉《两晋南北朝史》，第 1380 页）说明士林早有清谈传统，只不过至魏晋蔚然成风而已。

2. 清谈之学理主旨

诚如前述，儒学关注修齐治平之事，于有汉四百余年成就其不可动摇之独尊地位，然其社会人生理想之终极依据何在则存而不论，非不为也，势不可也！精神是人之生命的高度统一之物，绝不会局滞于天人合一之境界，仍有向上奋进之冲动。精神之需求必于现实生活中得其伸展。于是，人事之切的秦汉转而为天行犹切之魏晋，一统分而为魏、蜀、吴，其后两晋又分而为南北朝。此为更高层级民族大融合之前奏，也是民族精神新的辩证发展之阶段。

魏晋清谈于学理上仍围绕儒学，而于方法上则论道说儒，故其主旨为有无之辨，即圣人权晦其本的救弊之学，本于有或本于无。贵无者何晏、王弼等祖述老庄之论："立论以为：'天地万物皆以无为本。无也者，开物成务，无往不存者也。'衍甚重之。"(晋书·王衍传)崇有者裴頠则以为非,谓:"以无为辞,而旨在全有。……自生而必体有,则有遗而生亏矣。……故养既化之有,非无用之所能全也;理既有之众,非无为之所能循也。"前者以无为本,后者以有为体;而当裴徽问王弼"夫无者,诚万物之所资也,然圣人莫肯致言,而老子申之无已者何?"王弼曰:"圣人体'无','无'又不可以训,故不说也。老子是'有'者也,故恒言'无'所不足。"另一位崇有者郭象提出万物"独化于玄冥"之境,论说"自然生我,我自然生"的命题。自然者何?即道。老子说"道法自然",与玄冥之道应是相通的,"自然生我,我自然生"是离不开道的。由此观之,无论何晏、王弼贵无,还是裴頠、郭象崇有,都是破除世俗拘守,于本根处走向自然与名教的合一。诚如东晋学者李充在其《学箴》中所说:"圣教救其末,老庄明其本,本末之途殊,而为教一也。"

而此时的佛教攀儒附道,目的是想取儒道而代之,但在重视社会秩序之治道、家庭人伦之人道、天人合一之文道的本土文化面前难有超越,特别是经过北魏太武帝和北周武帝的两次灭佛,沉重打击了佛教的社会经济基础,迫使其与儒、道作学理上的交流,从而走上了中国化的道路。

吕思勉说:"弼注老子,为之指略,致有理统。"时有佛家竺道生"彻悟实相,以理为宗"(参见汤用彤《汉魏两晋南北朝佛教史》)。汤用彤先生说:"生公在佛学上之地位,盖与王辅嗣在玄学上之地位,颇有相似。"他又指出:

"……汉代儒风，一变而为玄学。其中关键，盖在乎《周易略例·明象》一章。因大象无形，大道无名，而盛阐得意忘象、得象忘言之说。竺道生盖亦深会于般若之实相义，而彻悟言外。……其于肃清佛徒依语滞文之纷纭，与王弼之非薄象数家言，盖相同也。"（汤用彤《汉魏两晋南北朝佛教史》）王弼本无，致有理统；竺道生彻悟实相，以理为宗。二者不约而同地会归理之大体，开启了儒、道、佛三学合流之先河。

3. 清谈之评说

魏晋之清谈非不著实务，事实上，清谈家们往往身负官职或游迹于官场，他们切身感受到经学庸俗化之弊，故吕思勉先生评价曰："玄学之大功，在于破除拘执。其说之最要者，为贵道而贱迹。道者，今所谓原理，迹则今所谓事实也。"（吕思勉《两晋南北朝史》，第 1386 页）"贵道而贱迹"似有矫枉过正之义，不过不如此，便难以打破两汉四百余年之世俗拘守，故其大功在使儒道诸学归道，成就理统，明于一体。

但魏晋清谈的局限亦在"贵道而贱迹"，道与迹仍有隔，道被悬置人生事迹之外，理统虽成，仍不落实迹，此清谈之蔽耳。佛学虽也彻悟实相，以理为宗，但其神性未改，依法不依人，佛性人性两隔，理亦悬隔。所以清谈之风"然及后来，则亦变为沽名钓誉之具"而走向了反面。

（三）清谈的学术作用

魏晋南北朝之清谈归结为"以无为本，致有理统"，预示着将有一个更高度更深远的思想时代的到来。笔者非常钦佩吕思勉先生的高见，他说："世皆称晋、南北朝，为佛、老盛行，儒学衰微之世，其实不然。是时之言玄学者，率以《易》、《老》并称，即可知其兼通于儒，匪专于道。少后，佛家之说浸盛，儒、道两家，多兼治之，佛家亦多兼通儒、道之学。三家之学，实已渐趋混同。"（吕思勉《两晋南北朝史》，第1371页）"儒生兼通道、释之学者，此时实不胜枚举。"（吕思勉《两晋南北朝史》，第1379页）纵观中华道本文化发展史，自炎黄创生即以"人文精神+和合观念"为其内核，至春秋战国道分百家成其体，迄两汉形成儒学正统以降，其主导地位从未动摇。魏晋南北朝兴清谈之风不过是以儒生为主体总览道、佛以固儒家正统地位的思潮，道家兼通儒、佛，而佛家亦多兼通儒、道，三学互动而成理统之机，是中华道统向上奋进的一个新台阶。由此，以儒为宗，儒、道、佛三学相互渗透、沟通，再开新局。

二、隋唐时期佛道之演变

今之学者多认为隋唐大一统长达三个多世纪，特别是有唐一代，史称盛唐，政治清明，经济发达，文化繁荣，国势强大，举当世而公认。但此一时期的思想学术在历史上的地位，评价并不高。过往治思想史或哲学史的学者多以"隋唐佛学"或"儒、道、佛鼎足三立"为其定位，似乎建树不多。笔者对这样的定位和评价皆不以为然，认为隋唐时代是中国学术思想史上承前启后、攀登新高峰的重要时期。可以断言，没有大唐盛世，何来宋明时期的三学合流而成宋明道学之大成？何来中华道统的彰明而有中华道本文化的巅峰之果？

（一）道教的义理化

唐朝为李氏所建，自称老子李聃后裔，信奉道教是情理所在。一般认为，道教创始于东汉汉安元年（142）。自张道陵在鹤鸣山倡导“五斗米道”，由此开启，后人称其为“天师”。东汉末，张鲁的五斗米道、张角的太平道成为农民起义的旗帜。东晋建武元年（317），葛洪撰《抱朴子内篇》，整理并阐述了道术及其理论。南北朝嵩山寇谦之制订乐章诵戒新法，称新天师道。庐山陆修静整理三洞经书，编著斋戒仪范。道教从此完成其形制，奠定了唐代道教义理化的基础。

唐代道教仍以外丹修炼为主，至唐末五代时期发生了从外丹到内丹的转变。所谓外丹，是指用铅、汞等矿石药物在炉鼎中炼制而成的丹药，谓服之可长生成仙，与内丹相对而言；内丹是指将人体拟作炉鼎，以修炼体内精、气、神，谓可使凝结成丹。

魏晋南北朝时期，由于炼丹术士的推动，外丹术获得较大发展。隋、唐时，外丹术随着道教的兴盛进入全盛时期，多有著名的炼丹道士，丹药品种亦大增，致服丹成风。但因死者较多，故唐末五代以后渐由以修炼外丹为主转变为以修炼内丹为主。笔者认为，道教的这种转变从寇谦之引儒参佛、制订乐章、诵戒新法到陆修静参儒引佛、整理经书、编著仪范即已初露端倪。正是在魏晋南北朝时期，道教在与儒、佛相互碰撞的激荡中，逐渐摆脱了其原始粗陋的面貌，而走上了义理化、精致化的阶段。寇、陆的变革是这一过程的结束，也是内丹修炼萌生、发展的开端。

道教在唐末五代以后的这种转变为北宋理学家们体贴天理以及发明理学、心学奠定了学理基础。

（二）佛教的人本化

佛教自东汉传入中国，经历了“自行传播—攀儒附道—佛教中国化—儒道佛合流”四个阶段。魏晋南北朝时期，经过两次灭佛后，佛教大举南下，与儒、道及小乘佛教相互交流切磋学理，互有取舍，基本完成了前两个阶段。至唐武则天执政时，佛教再度兴盛并大肆扩张势力，威胁到唐王朝的统治，迫使唐武宗第三次灭佛。此次灭佛彻底打消了佛教势力在政治、经济、文化上取得统治地位的欲望和努力，促其走向中国化。

隋唐时有六大佛教流派：慈恩宗、律宗、天台宗、三论宗、净土宗和禅宗。其中，禅宗是走向中国化最成功的佛教宗派，这要归功于六祖慧能。安徽大学哲学系李霞教授认为，佛教传入中国之初是“以‘佛’为本的宗教，是佛本主义宗教。在这样的宗教中，人的地位是卑微的，人的主体性是受到压抑乃至忽视的”。“但中唐之际的慧能禅宗兴起后，情形便为之大变。"李霞认为"慧能首先对成佛的根据——'佛性'作了主体化、大众化、世俗化的理解，将其直接等同于'心'。为了突出心性的现实具体性，他又称其为'自心'、'自性'"。李霞评价说："慧能还认为心佛平等对于任何众生来说都不例外，众生与佛只有迷悟的不同，没有本质之异。'不悟即佛是众生，一念悟时，众生是佛。'"她还说："慧能的心佛平等思想将虚玄脱俗之佛性还原为具体现实之人性，从而在宗教领域展开了由佛境到尘俗、由彼岸到此岸、由出世间到人世间的世俗化历程。"（李霞《从"六祖革命"到"人间佛教"》，《社会科学战线》2006年第4期）笔者非常赞同李教授的观点，因为其与笔者提出的"文化的传播、移植自有其内在规律性，像发生在西方十六世纪的宗教改革运动以因信称义将上帝回归人心相似，中国先哲则以顿悟成佛、吾心即佛将佛从彼岸世界回归此岸世界……"暗合（李尚武《试论人的精神心理结构》，《天中学刊》2001年第3期）。这里所说先哲主要是指六祖慧能。

六祖慧能的佛教革命由"人本佛—人文佛—人间佛"一路走到今天，之所以具有不可逆转性，就在于它自觉适应了中国文化土壤，将自己中国化了。中国禅宗的创生无疑是宋明道学家们创建自己学说的重要思想理论来源。

（三）韩昌黎首倡中华道统

汉武尊儒创生正统，玄谈本无成就理统，隋唐宗儒首倡道统。实际上，无论尊正统，还是致理统，抑或是倡道统，都是中华文化上升发展的台阶。如果说，正统之儒开启中华礼治之道，理统钩玄探幽造就中华文脉之本，那么，道统会众合一就是中华民族精神的一次伟大升华！

学界普遍认为，韩愈为了辟佛、道而提出以儒为宗的道统观念。其实，韩愈作为中唐大儒，对发生在南北朝时期的道教变革和早于韩愈半个多世纪的“六祖革命”应是耳熟能详，他撰写《原道》绝非单纯辟佛、道，而是张扬以儒学为正统的道学传统。他清楚地意识到，经过魏晋南北朝清谈之风的洗礼，中华道学已然形成统绪，道、释二家在变革中走向人本伦理化，儒家思想也在与道、释两家学说的碰撞磨合中完成了本体化，其正统地位也更加巩固。杜维明先生说：“隋末大儒王通（文中子）的历史性曾在中外汉学界引起争议，不过《贞观政要》所体现的儒术很值得我们精心剖析。即使魏征等唐初杰出的政治家未必是把王通经世思想付诸实行的儒门信徒，然而他们以礼治国的精神和以王者师，至少是以帝皇诤友自立的气魄，在中国政治文化史中是儒家传统的光辉表现。这点应该没有什么争议。”（见杜维明《儒学第三期发展的前景问题》，《百年中国哲学经典·八十年代以来卷》，第493页）从杜先生的这一论断，可以见得隋唐时期的儒学（笔者认为应是道学）经历了一个长达三个世纪的经世致用，而且打造了令中华民族引以为荣的大唐盛世！

大唐盛世的出现与以儒家为正统的中华道学的全面

繁荣才是韩愈提出道统观念以明中华道学之统绪的根本缘由,以其为承前启后之大业。诚如陈寅恪先生在《论韩愈》一文中所说:“综括言之,唐代之史可分前后两期,前期结束南北朝相承之旧局面,后期开启赵宋以降之新局面。关于政治、社会、经济者如此,关于文化、学术者,亦莫不如此。退之者,唐代文化学术史上承前启后、转旧为新关捩点之人物也。”这是很有见地的。顺便提一下,陈寅恪先生所谓“政治、社会、经济者如此”的话,前期应是贞元盛世的民族大融合、政治大一统和思想学术的伦理化;后期应是对安史之乱后唐朝进入衰世以及五代十国短暂分裂局面的总结。盛唐是中国历史上最为强盛的时期之一,政治高度统一,经济发展,文化繁荣,对外关系频繁,成为当时世界的政治经济文化中心。但唐末,在黄巢起义的打击下,各地军阀藩镇各霸一方,致使强大的唐朝很快瓦解并分裂为五代十国。赵宋王朝正是总结了唐王朝覆灭的教训,实行了轻武重文的治国方略。由此,中华民族开创的族统、治统、道统形成了三位一体之强韧的大文化生机体。

但是,韩愈站在儒家的立场上,辟道、释而尊儒,提出的道统实际是儒家的学统。在《原道》中,韩愈曰:“斯道也,何道也?曰:斯吾所谓道也,非向所谓老与佛之道也。尧以是传之舜,舜以是传之禹,禹以是传之汤,汤以是传之文、武、周公,文、武、周公传之孔子,孔子传之孟轲。轲之死,不得其传焉。”可见,韩愈的道统观不仅否定了两汉经学在传承中华道统方面的意义和地位,也否定了魏晋南北朝时期儒、玄学家们的地位和作用,其道统观念具有较强的门户之见。

笔者以为,盛唐在中华思想史上起到了会通整合、承前启后的重要作用,综合上述,主要有五点:

(1)科举制度完善成熟,成为文化上由文武并重开始向重文轻武转变。

(2)道教继承、发展了南北朝时期的传统,由外丹修炼为主转变为内丹修炼为主,即由追求肉身的长生不老转变为追求精神的自由解脱。

(3)佛教发生了由神本向人本的转变,由渐悟修行为转向渐悟、顿悟并重。

(4)中华道统思想创生,儒学的正统地位更加巩固,中华道学开始攀登新的高峰。

(5)上述四点和合生生,为宋明学术大发展、大繁荣创造了前提条件。

三、宋明之道学

赵宋工朝行重文轻武的治国方略,其文官政治愈加完善,经济发展水平、文化繁荣程度甚至超过唐代,但因其武备较弱,遂有辽、金、西夏之患,最后终于被元朝所灭。然而两宋长达三百多年,承隋唐儒道释三学合流之势,以儒家学者为主体,出入三学,会通有无,参赞化育,综合创生,终使中华学术思想攀上又一高峰。

(一)三学合流成二学

中国学问自春秋战国大道分殊化百家，至秦汉一统遂成儒、道、法三大家，经魏晋南北朝渐成儒、玄(道)、佛三家。隋唐以降，迄宋明，三家合流又内化理学、心学两脉：理学合命、性、气、理，成就中华文化之统；心学一道、性、情、心，生成中华文化之本。

中华文化皆本于道，道本于无，成于有，故不可分。春秋战国创生百家之学，皆是从不同视角体悟道而成一家之言。因此，笔者认为中华文化是道(也可说是心，道心、人心在根本处不二)本文化，源于一，其不同于源于二的西方文化：是(Being)、存在(Ontology)，由此发展出唯物主义与唯心主义两大阵营。中华道本文化本于无，源于一，太极或太一(宋儒称“无极而太极”即“无而有”)，有无生变，化生两仪，阴与阳，道家有“太一生水”之说，其学问成两大流派之相济互补之势：春秋战国有儒与道，秦汉有经学今文家与古文家，魏晋南北朝有儒与玄(佛学非本土学问)，隋唐有儒、道(佛走向中国化)，宋明有理学与心学，至清代有汉学与宋学。东汉时期有佛学自印度东传，至唐完成其中国化，遂造就宋明三学合流创生理学、心学。

(二)中华道学巅峰

中华道学经隋唐道释之蜕变，至宋明创生理学、心学。大道体无用有，大化流行，氤氲化生，生生不息，创生万物

（有），体用不二，道器不二。北宋学者困于人与天地万物有隔，遂有程颢自家体贴天理、天命之谓性，万事万物各分天理以为其性，理一分殊，性即理，天地万物各得其理；陆九渊顿悟发明本心，宇宙即是吾心，天地万物统一于心。天理一则为道，分则为性，性即理也；人心本于道心，禀性理之全，穷尽万事万物天理之能，故可致天地万物之理，心即理也。理学家讲心统性情，亦可说心统理情，与心学联通；心学家论心之良知，可致天理于万事万物，与理学不隔。二者实是一体两面，天理、人心"合且通"，成就中华道学巅峰之大业。

（三）圆融神通止至善

《大学》有言："大学之道，在明明德，在亲民，在止于至善。"宋明道学以理为统，以心为本，知有所因，天理昭昭；行有其主，仁心良知；天理与人心不二，即知即行，知行合一。宋明道学真正达到了圆融神通、止于至善之境，如宋儒胡宏《知言》云："性立天下之有，情效天下之动，心妙性情之德。"此言甚精妙。1179 年春，陆九龄（字子寿）访朱熹，朱熹和诗一首《鹅湖寺和陆子寿》曰：

德义风流夙所钦，
别离三载更关心。
偶扶藜杖出寒谷，
又枉篮舆度远岑。
旧学商量加邃密，

新知培养转深沉。

却愁说到无言处，

不信人间有古今。

看来，朱熹早已通晓理学、心学实为一家，二学合一才是达到“却愁说到无言处，不信人间有古今”的至善境界。大约过了三个半世纪，1527年农历九月初七日，明儒王阳明与弟子进行了著名的“天泉证道”，阳明先生有“四句教”曰：

无善无恶心之体，

有善有恶意之动，

知善知恶是良知，

为善去恶是格物。

其学生王畿（龙溪）也有四句曰：

无心之心则藏密，

无意之意则应圆，

无知之知则体寂，

无物之物则用神。

笔者理解，阳明先生的“四句教”其实包含其思想体系的三部分：心即理、致良知、知行合一。诚如他说：“我年来立教，亦更几番，今始立此四句。”但从心体上说，王阳明是赞成龙溪“四无”之说的；而从功夫上说，他也同意钱德洪的意见。二者只于利根、钝根有别。笔者曾将中国人之精神活动结构描写为“本我—和我—纯我”三位一体，如以此对照，阳明先生的“四句教”是其活动整体的应然之教，而龙溪的“四无”则是“纯我”(即无我之我)的性状悟得,是阳明“无善无恶心之体”一句的展开;钱德洪的意见是“和我”(异我—和我—合我)之践履功夫,是阳明“有善有恶意之动”的辩证开显。

宋明道学是中华道学发展到至善的标志,诚如《大学》言:“知止而后有定,定而后能静,静而后能安,安而后能虑,虑而后能得。物有本末,事有终始,知所先后,则近道矣。”接下来便是经世致用。宋明道学之后出现了黄宗羲、顾炎武、王夫之三大儒,走上了经世致用的道路。

(四)明末清谈之浅见

王阳明故去后,出现了时间不长的清谈之风。经世派认为,清谈心性是造成明亡的重要原因之一。对此结论,笔者不能同意。因为明末清谈之风很有限,只风行于士林之间,况且中国士大夫自古就有清谈传统。明末清谈与前述魏晋清谈都局限于士大夫之中,前者适逢明末宦官专权,吏治腐败,天下已呈乱象,后者发生在天下分裂、军阀割据、战争频仍、民不聊生之时。二者似有某些共同点,但这并不重要。笔者认为重要的是,二者都处在中华道学两个整合升华后的时期:魏晋清谈是在儒学成为中华文化正统后,追寻其本体的思索,主要围绕着有无、本末、体用展开,但未涉自觉落实之主体;明末清谈则是中华道学完成了道、命、性、理、心的大统合后,以心为统摄主体,天地万物“合且通”,实是由以无为本的宇宙观的细思明辨落实为以心性为体的人生观、价值观的省察,用现在的话说就是,对天人合一(合我)升华为天人化一(纯我)后的审美思考及高峰体验。孔子曰:“知之者不如好之者,好之者不如乐之者。”宋明道学真正实现了孔子真善美合一的至善境界,而明末之清谈则在以心性之学圆融中华民族精神方面起到了推升奋进之作用,使得中国人在精神文化层面自立于世界民族之林。总体言之,明末清谈缺少魏晋清谈大胆创新之风格,少有新见。盖因魏晋时代,中华道学仍处于探索进发之过程,而宋明道学已是“会当凌绝顶,一览众山小”的高迈圆融、精深通达的大学问!

如果我们把自秦汉以降至明清之中华道学作一梳理,可以清晰地看到道学发展演变的脉络:秦汉时期会通百家之儒学成为中华道本文化之正统:经世致用,始有大汉盛世出;魏晋之清谈,中华道本文化始成以无为本、致有理统之高峰;经世致用,始有大唐盛世出;宋明儒道释三学合流成宋明道学,中华道本文化生成道统:明末之清谈玩味心性,中华道统深入人心;明清之际的朴学经世践履,始有康乾盛世。

中华道本文化发展至宋明道学,成就中华文化发展的又一高峰,而后世之学体究践履、经世致用,在与时俱进中,丰富之、发展之、创新之,生生不已。

浅议中国古代治国方略

中华民族拥有五千年生生不息、绵延不断的历史，这在世界人类历史上是独一无二的。人们在思考中国历史独特性原因的时候，提出众多理论，见仁见智。而笔者提出了两大原创型文化的思想，认为中华文化与西方文化是类型完全不同的两大原创型文化：中华文化是关系本位、生命本体的文化，西方文化是实体本位、机械整体的文化。因此，中华文化具有以心统摄、“合且通”的特征，西方文化具有“分且隔”的无心特征。在西方文化体系中，分科治学，独立成说，每一学科都有自己研究的对象。与西方文化不同，中华文化理一分殊，会众合一，各家各派学问皆以道为本，悟道之一隅以成一家之言，虽有主次正偏之别，但彼此间相互渗透交融，补偏救弊，综合于道。

自中华民族心智开化伊始，悟道得道，始有道化生活，天、地、人、家庭、社会、国家、天下皆统于道；人法地、地法天、天法道、道法自然，天人合一；有天地则有阴阳，有阴阳则有男女，有男女则有夫妇，有夫妇则有父子，有父子则有君臣，治道以礼；士、农、工、商、医、艺、数、术，皆有其法；血缘亲疏，上下尊卑，察风俗，辨民情，以封土建侯、洪范九畴、礼法修列成大一统封建之制。

一、道者，治国之本

今以治国论道，如上述，道化生活，无所不包，故中华始祖循大道、法自然，创制人伦之序、齐家之术、治国之法、平天下之方略。

（一）道与人

道乃天地之本，其生生不息之最高最大之成果是人。伏羲氏一画开天，成无限一统、天地人三材，其中之“一”就是人，以无为本之道创生为集天地之性的人。宋儒说“无极而太极”，无极者，道也，太极者，人也。人秉大道之性，一统无限之用，再创人化之自然，所谓太极而无极也！

中国先民至炎黄时代即明人文精神，崇尚和合观念，创造生活器用取之自然，归之自然，人与自然和谐相处；人伦秩序、家庭功能的扩大而有社会伦理、国家制度之建构；家庭是集婚丧嫁娶、经济、家政、教育、交往等全面管理于一身的核心；国家则是集经济、内政、外交、军事、教育、民族等整体治理于一体的系统。漫长的历史上，治道虽有以家为本、家国同体同构、家国异质同构之别，然皆是以人为本，以礼为纲。

（二）道与礼

中国有一以贯之的治统，即礼乐制度。礼乐何来？道化之也；道由何出？情也。古先民悟情得道，天地、男女、夫妇、父子、君臣以情关联，悟道明理，循礼（理）成制，乐作之和。

何谓礼？荀子说："水火有气而无生，草木有生而无知，禽兽有知而无义，人有气有生有知亦且有义，故最为天下贵也。"水火无生无知无义之性，草木无知无义之性，禽兽无义之性，而人不仅有气之性，亦有生之性、知之性，还有义之性。义者，宜也，一统之谓也！性从何来？生之谓也，气理之性，天地人万物皆然；天命之也，义理之性，唯人然也，故人可与天地万物通。人有义理之性，故天地位焉，人伦正焉，万物序焉，位、正、序即礼。用礼，大道之行也，天地人一体流通，万事万物和谐有序，故孔子说："礼之用，和为贵。"礼者何？道、命、性、情、理一体之用也。

（三）礼与仁

大道之行，阴阳和合，生生不息，仁心而已。仁者，人也，乃礼之核心；无人，则礼不立，无仁心，则礼仪不行；仁心彰显，则礼仪天下。

孔子重仁与礼，欲重建社会良序，遂提出“仁”这一范畴。他说：“人而不仁，如礼何？人而不仁，如乐何？”孔子还对仁的内涵进行了诠释：“仁者，爱人。”“克己复礼，天下归仁焉！为仁由己，而由人乎哉？”显然，孔子强调自我修养，克制自己的欲望，是为了重建礼制天下，知其不可为也要为之奋斗也！

如果说孔子身处春秋末期，既看不见礼制重建的曙光，也看不到可代替礼制的新法，那么到了战国时代的孟、荀，天下一统之势渐明，旧制衰亡，新法竞出，孔子仁与礼的政治学说在孟、荀的创新发展中得以进一步彰显。笔者曾在拙著《心论集》之《论中国传统治国方略的演变》一文中对二者学理之关系作过阐述：“(1)孟子弘扬孔子仁的思想，明确提出人性本善的理念，发展了儒学德治的传统；荀子隆礼，首倡人性本恶的理念，开了法治思想之先河。(2)孟子以人性善为本，注重心性修养，追求道德至上的内圣之道；荀子从人性恶出发，强调教育学习的作用，主张社会事功的外王之道。(3)孟子体认天人合一、宇宙普遍和谐的智慧；荀子则主张天人两分、人可制天的思想。”结论是：“表面看去，孟荀两家学说是互相排斥、势不两立的，但从中国传统文化的有机整体上看，二者正是在互相承认对方合理性的基础上互补理论之偏，从而成就了中国传统的阳德阴法、内圣外王的礼治方略。这是中国历史上治国方略的重大转变和发展，即由国家政治制度的‘礼制’转变为国家治国方略的‘礼治’。在这一转变中，孟子崇仁形成了德治思想体系，荀子隆礼，造就了身后的法治理论体系。德有内外，内则人性所固有，外为行为之规范；礼分内外，内有道德之本，外具礼法之度。不难看出，荀学之礼，内则与孟学合拍，外则与法家一致。”（以上见《心论集》，中国文联出版社2003年版，第128～129页）

孟子主张修身养性，撰写了《孟子·尽心上》《孟子·尽心下》，提出“尽心知性以知天”和“存心养性以事天”的观点，开心学之先河；荀子则提出“礼即理也”的论断，为秦汉新制度的创建和后世理学的创生奠定基础，撰写了著名的《劝学篇》。孟子、荀子分别继承、发展了孔子仁与礼的学说，而孔子之道一以贯之。

（四）礼与法

荀子隆礼仍是沿袭儒家学统，至荀子两大弟子——韩非、李斯则自成一家——法家。韩非子集法家之大成，创生了以人性恶为前提的法家思想体系；李斯的最大功绩是运用法家思想辅佐秦始皇完成了统一中国的大业并创建了郡县一统封建制度。

法家思想在中国思想史上源远流长，春秋时齐国管仲（？—前645）、魏国子产（？—前522）已创此说；战国时的李悝（前455—前395）、商鞅（前390—前338）、慎到（前395—前315）、申不害（前385—前337）分别在法、术、势等方面提出法家观念。但他们受时空所限，并未强调礼（理）的统摄作用。荀子、韩非子和李斯则是以礼（理）为体，融合了前辈法家思想，开创了中华法律体系之端。因为礼与法是体与用的关系。无礼之体则法无统摄，无法之用则礼无落实处。

（五）礼与制

在社会国家的管理上，中华民族有独特的发明，这就是“礼”。上面论述了礼与仁、礼与法的关系，下面谈一谈礼与制的关系。所谓“制”，是指政治制度和国家形制。自炎黄时代，中华先祖就提倡人文精神、和合观念，它们就是“礼”的核心。人文精神与家庭本位是一而二、二而一的关系，和合观念与家庭形式、国家形制也是一而二、二而一的关系。在以家庭为本位的生机社会中，家庭财产（主要是耕地，此外还有水利、山林、草原、工具等生产资料）的诸子析产制是发展家庭、扩大家族规模的基本制度机制：尊卑、长幼、婚姻的安排在长时间里靠的是风俗习惯，后随着家庭扩张为有血缘关系的数量不等的家庭聚集村落，以致部族和部族联合体，风俗习惯便演变为观念形态的“礼”，即伦理化、制度化的东西。

中华民族在创造自己的历史过程中，始终强调“吾道一以贯之”，其中就包括治国之道。历史上，中国先民创兴的家庭诸子析产制作为社会成长的原始胚胎，已经生成了其后世世代代的国家形制及其治国方略的全部基因。孟子所说的井田制最早应源于此。《孟子·滕文公上》载：“方里而井，井九百亩。其中为公田，八家皆私百亩，同养公田。公事毕,然后敢治私事。”后世所谓“公田”“私田”者,起初应是“公田”为供养年迈的父母所留,私田为诸子所有以养家糊口。随着家族的扩大,井田制普遍实行起来;到了夏、商、西周,公田即是官田,私田即是民田,“公田”“私田”大概只存在于较小的核心区域,更多的还是如《周礼 · 地官 · 小司徒》所载:“乃经土地而牧其田野,九夫为井,四井为邑,四邑为丘,四丘为甸,四甸为县,四县为都,以任地事而令贡赋。”后来天下分为九州,行封建,缴贡赋,这是自然发展的历史过程。

笔者在前述《“封建”新论》一文中认为自炎黄至尧舜时期的一千多年,中国实行的是以血缘为纽带的“礼仪风俗”制度,即氏族一统封建制度;尧舜禹时期,开始由氏族一统封建制向宗族一统封建制过渡,即由君位的族外禅让制向族内世袭制过渡;夏、商、西周三代实行的是宗法一统封建制度,即以血缘为纽带的天子世袭制下的世卿世禄制度;春秋战国时代是由以血缘为纽带的世卿世禄封建制度向地域关系的封建制度过渡时期;秦始皇统一中国后,打碎了血缘关系的世卿世禄封建制度,建立起以地域为纽带的郡县一统封建制度。这是一个漫长渐进的历史演变过程,在每两种制度的转变之间都经历了一个较长的过渡期。“礼”在这个演变过程中,变化的是治国方略,即由风俗礼仪到宗法礼制,再到郡县礼治,不变的是国家形制,即大一统封建制。

中国古代的治国理念不同于世界其他古代国家的基

本特征有两点：一是国家形制与治国方略有机统一，与时俱变的治国方略服务于大一统封建制度的恒定性；二是以人为本的伦理道德与国家法律制度有机统一。正是这两个基本特征的统一形成了中国独特的治统。

二、道生两仪：孔子与老子

笔者认为，研究中国传统治的国思想离不开《易经》，它是中华民族治国理政的源头活水。传说由孔门弟子编撰之《易传·系辞上》说"易有太极，是生两仪，两仪生四象，四象生八卦"，这个"易"应该就是老子所说的"道"，所谓两仪就是"乾与坤"或"阴与阳"。周敦颐赞《易》说了三句话："立天之道曰阴与阳，立地之道曰柔与刚，立人之道曰仁与义。"笔者认为，为此三者立学者，合则曰"易学"或曰"道学"，分则曰孔学与老学。

孔学重人生世事，但以天地为据；老学论天地，以人事落脚。孔学重名教，所谓名不正，言不顺，行不端，主张名实合一；老学任自然，强调人法地，地法天，天法道，道法自然，看重的是无为无不为。孔学与老学之相同处在于二者都认为宇宙乃生命本体，其学问的出发点都是体悟生命的真谛。异点在于：孔学以积极入世的态度求变化之实合其理想之名，以为家、国、天下之稳定和谐、生生不息；老学则以消极柔顺的态度看待自然变化、世事沧桑、人生祸福，以被动心态期待无法摆脱的现实矛盾向着有利于自己的方面转化。所以,孔学讲中庸、和合,老学说依存、转化;孔学看到事物总有转化的可能,力求通过积极努力使之不要向坏的方面转变,即使知其不可为也要为之,老学也看到事物都有自然而然地走向自己反面的一面,取知其不可则安之若素的态度。孔学与老学的异同点经过后人的思索、损益,对其创新学说发生了关键的作用。

三、以道为本,儒法杂用

中国传统的治国方略到了战国时代发生了较大变化。如果说春秋时代礼制开始崩溃,那么到了战国时代,礼制开始让位给礼治,至秦始皇统一中国,废宗法世卿世禄制度行郡县一统的封建制度以及汉武帝取独尊儒术之策,礼治方略大行其道二千多年直至清朝末期。

前已述及,自炎黄时代起,中华民族的治国理念是礼。道与礼是体与用的关系,道本于无,但这个无是无限一统之意,即无极而太极,故老子说"道生一",这个"一"是什么?是"人"。"人"是什么?宋儒说"只是一个灵明"。大道创生了人,则天地万物按照人的价值(人性)创生新东西,生生不息,开创了人化的自然。自从中国人发明了礼,人化的自然便有了秩序,如前所述,天地位焉,三维时空立;人伦正焉,夫妇、父子、君臣、兄弟、朋友,各得其理;万物备焉,各尽其用。

礼有多义,荀子说的"礼者,人道之极也"是其本义。

有学者认为，荀子引法入礼，似不妥。实际是礼中有法，礼即是法，只是被荀子说出来，昭然于世。荀子又说："礼即理也。"理分情、法：情者，天地、人伦之本，无情不生，情动合节，人道生生，情理是也；法者，以人性本恶，所以制人欲约人情者也，法理是也。本乎情则礼分等差，化成制度，封建定矣；本乎法则礼贵和合，化成法度，一统定矣。制度与法度，制度是体，法度是用，亘古制度一以贯之，法度则与时俱变，二者动静相随，生生不已。

战国时代，主张人性本善的孟子发明了"义"（羞恶之心），内则补"仁"（恻隐之心）之不足，外则修礼制之偏。此外，孟子还提出了"心"这一范畴，使修仁有了主体，"礼之用"有了主宰。荀子主张人性恶，也很重视"义"，他讲礼义，是要讲礼法之宜，法不能取代礼。他的"隆礼至法"，成为后世治国之道的灵魂。春秋以来的法家各派，或崇法，或重术，或主势，各执一端。荀子的学生韩非子继承了人性恶的观念，但他重法约情，以致以法代礼，走了极端，不过韩非以法代礼的"礼"恐非荀子的礼，应是周礼的"礼"。韩非子不仅集历代法家之大成，又变老子消极对待矛盾相互依存、转化的态度为积极主动因势利导的思想，使法家理论体系更加完善成熟。而荀子的另一个学生李斯正是运用这一理论辅佐秦始皇统一了中国并创建了郡县一统封建制度。

四、以心统摄，合且融通

中华道学是一个大家族。经生生不息的漫长历史实践，到了西周，中华民族创造发明了《周易》："《易》之为书也，广大悉备，有天道焉，有人道焉，有地道焉。"《周易》之有此三道，是集先周数千年先祖之智慧而成，远接伏羲八卦，近承夏之《连山易》、商之《归藏易》，达到"知周万物而无方，范围天地而无迹"的生生之道。春秋战国五百多年，大道分殊，诸子成家，学派林立，呈百家争鸣之势，皆是悟道之一隅而自成一家之言，中华文化由此脱胎而出，成就大体。这是一个自然历史过程，在看似互相辩驳、争鸣的内里是大道生生的潜行：孟荀之分、老庄之别、荀韩之离正是中华文化成长发育的需要。庄子游"心"，通天地之自由；孟子尽"心"，修内圣知天之道；荀子隆"礼"，开外王事天之道；韩非子扬"法"，张霸权一统之道。庄孟荀韩，微言大义：庄子发展老子之"有无"进而提出"无无"，触摸道之本体；孟子继承孔子仁的思想，以义补仁，落实道心于人心，开启了人心主宰天地万物之端；荀子发展了孔子礼的思想，以礼说理，成就中国礼治滥觞；韩子继先秦法统，融合百家法治思想，力行强权，张扬霸道，成一统封建之制。

秦始皇统一中国后，修法建制，以郡县一统取代世卿世禄；汉武帝承袭秦制，隐法术，尊儒术，行阳儒阴法之策，杂霸王道而用之，奠定中华两千多年礼治之道。秦汉一统四个多世纪,郡县一统封建制的建立和巩固使儒家地位空前提高,确立了其在中华文化传统中的正统地位和不可动摇的国家意识形态。即便如此,中华民族大融合的任务远未完成,汉族作为中华民族族统的主体地位已经确立,但中华文化尚未生成为一以贯之之道统,中国的政治制度、法律制度还很不完善,完成这些任务还需要较长的历史演变过程。

魏晋南北朝是汉民族与周边少数民族互动交融,民族文化深入思考、探索,法制、官制创新、建立的时期,而这些任务的交互展开、探索实践、获得成果也是在一个分裂割据的形势下进行的。

(1)这是中国历史上周边少数民族第一次大规模进入中原、入主中原的时期,置身处地于中原高度发达的文化氛围中,他们自觉地接受并融入其中,改姓、通婚、行礼,中华民族增添了新的血液和基因,民族同化进入了一个新的阶段。

(2)分裂动荡的社会,儒家独尊的式微,印佛东传的渗透,迫使当时的士大夫们避身于世外,逍遥于山林,出入于儒道,清谈玄理,运思于名教、自然之间,钩玄探幽,终悟以无为本。史家曰"弼注老子,为之指略,致有理统",中华文化始定于一;外来佛学亦攀儒附道,开中国化之端,儒道释三学走向合流之大势。

(3)汉代设有太学,考官任官、荐举、推举混合无制,遂有世家门阀出,此是汉末分裂割据之源。魏晋时期虽有九品中正制,但仍被世族门阀把持,直到南北朝末期方有科举制的萌芽，礼治之道渐成一统。

隋开科举之制，但只是于初唐破世族门阀之后得以普遍实行，选官任职形成一定的制度。笔者认为，这一制度应是出现大唐盛世的重要原因之一。隋唐一统三个多世纪，是中国历史上继大汉雄风之后的又一个盛世。

(1)盛世一统也是民族同化融合的条件和环境，有了魏晋南北朝汉族与少数民族的混居、通婚，到了唐代，加之赐姓、和亲，形成了“唐人”称谓并取代了“汉人”而成为各民族的认同，成为后世中华民族称谓的基础。以血脉为纽带的中华民族已然成统。

(2)唐代是中华文化承上启下的关键时期：韩愈首提道统，说明以儒家为正统的中华文化正式登上历史舞台；佛教的中国化也加速前行，特别是禅宗，由于六祖慧能的革新改造，中国禅得以创生；道教也由外修长生不老之身转变为内修精神，由炼外丹为主变为修内丹为主。自炎黄时代开启的以人文精神与和合观念为核心的中华文脉渐成道统。

(3)中国自有秦律、汉律，至唐编撰大唐律，以道为本的中华法系在当时是独树一帜的。科举制度创造了世界上最早的文武官制，形成了从定制、明策、选官、责事、纳言、擢黜、考核、俸禄、节俭、勤政、恤民、养兵、察奸、辨伪、监察、奖惩到丁忧、致仕等一整套治国理政的各项制度，是世界上最早且独一无二的行政体系。

宋明以降，无论是汉民族统治的王朝，还是少数民族入主，除短暂或局部地方割据外，大一统封建制国家形制已成基本态势。

(1)两宋时中国政治呈现文强武弱的状况，但也是文官制度最为完善成熟的时代。这催生了两宋政治经济、思想文化、经验技能、实用技术等的大发展大繁荣，特别是宋代道学分理、心两派：前者开后世七百多年政治思想与实践的主流，后者则成中国人本道德观念的巅峰。二者作为中华道统四千多年发展演变创生的最高峰，成为中国传统文化的主体。

(2)陆九渊发明心学，至明代王阳明集心学之大成。前面说过，庄、孟最早发明了“心”的范畴，荀子主张“礼即理也”，汉代董仲舒提出“独尊儒术”之策，晋代王弼提出“以无为本”的思想和理统观念，北宋程颢自家体贴天理观念。但是以何统摄、自觉践履，只是到了王阳明提出“致良知”“知行合一”与“心即理”的心学体系方自觉落实。北宋张载说“心统性情也”，只停留在思想层面。到了王阳明时，他远承孟子之“心”论，近接张、程、朱、陆关于“心”的思想，集成创新，把“心”提到中华文化本体论的高度，不仅具有良知本体的品质，而且具有直接现实性的品质，二者和合，即实践论的品质。至此，中华文化达到了圆融神通的境界，生生不息的中华道统走上了自觉创造历史的实践中来。

简论中西哲学之异

一

在西方哲学思想中，人的灵魂的三大组成部分知、情、意是“分且隔”的。在被称为古希腊的本质论哲学中，有阿波罗神与迪奥尼索斯神，即理性之神与情感之神的两分，它们分别对应于哲学（自然哲学 + 理念哲学 + 历史哲学）与艺术（戏剧 + 绘画 + 雕塑 + 诗歌）。近代西方哲学仍沿袭古希腊哲学的范式，但本质论转变为认识论，分为唯物论与唯心论、经验论与理性论、可知论与不可知论等。现代西方哲学又分为科学主义哲学、人本主义哲学与宗教哲学。在人本主义哲学中，又有存在主义、生命意志、权力意志等之分。笔者认为，古希腊以来三千年哲学发展的历史可以剥离出三大自由论说，即思想自由、情感自由与意志自由。这些自由是西方人的主张，也是他们追求的理想境界，但是有一点，他们是把这三大自由主张分开来的：唯心论者或理性论者主张思想自由；美学论者或艺术家则主张创作自由；政治哲学家或革命家则主张意志自由、选择自由。

其实，在西方哲学思想体系内的不同学派，无论是主张思想自由者，或者是情感自由者，抑或是意志自由者，最终都陷入了无法解脱的悖论：先说思想，这实际就是康德所谓纯粹理论理性思维，它自由吗？首先，康德给出了四个著名的二律背反，用以说明纯粹理论理性不能解决物自体、上帝与自由的问题，他把这三个问题放在纯粹实践理性那里去解决。其次，在实践理性这里，康德研究了意志自由问题，他同样遇到了人生必须追求的无条件的总体即至善与有限的人生永远也不会达到道德的完满的二律背反：一方面道德必须完全抛弃幸福，另一方面道德的最高概念——至善又必须包括幸福，结果只好到虚幻的"至善"天国里寻求统一。再次，关于审美或情感自由问题，即创作自由问题，康德专门写了《判断力批判》一书进行研究。在这里，他虽然指出审美是超脱了任何利害关系而对对象无所欲求的"自由的"快感，但又指出了"美是道德的象征"，它是在有限形象里展示出无限的理性内容，它靠的是想象力，而想象力是创造性的。美中有真、善，它是真善合一，即纯粹美与依存美统一起来了（以上参阅李泽厚《批判哲学的批判》）。

以笔者之见，在康德的三大批判中，《判断力批判》最有启发意义。康德在《纯粹理性批判》中提出的“创造的想象力”和《判断力批判》中提出的“美是道德的象征”以及“在有限形象里展示无限的理性内容”正与宋明道学中的陆王心学暗合。虽然康德之后的黑格尔以思辨的理性整合了近代西方哲学，造就了近代西方哲学最庞大的客观唯心主义哲学体系，但其逻辑结构仍很牵强，其“分且隔”的概念逻辑体系虽然缜密，但没有一个统摄之“心”。现代西方哲学，无论是科学哲学，还是人本哲学，抑或是宗教哲学，都延续了柏拉图—笛卡尔—康德—黑格尔的理路，以概念构建体系，分散而无心统摄，割裂而互相对立。因此，所谓思想自由、意志自由、情感自由，如果三者“分且隔”，则自由亡，如果“合且通”，则自由存。

二

思想、情感、意志或曰知、情、意三者真的可以做到互相分隔而各个自由吗？西方人认为可以做到，其缘由就在于人与自然的切割。古希腊英雄时代瓦解了与自然合一的原始氏族社会，割断了其与自然母体的血缘纽带，也就割断了人与自然的亲情。因此，古希腊人才会发出“我是谁？我从哪里来”的疑惑。英雄时代的神话传说给出了答案：人是神明创造出来的理性动物。来自西方的宗教更是给出了清楚而明确的答案：人是上帝所造，是亚当和夏娃所生，因受蛇的引诱偷吃了禁果而被罚到尘世赎罪，人就是他们繁衍的后代。人的肉体之情是罪恶的渊薮，而智慧之光才能引领人们摆脱情欲的诱惑而赎罪：情与知从产生的根源那里就是对立的。这种对立造就了西方人的实践理性特征：在科学理性的思考、研究中，要尽量甚至要绝对排除主体情感的干扰；在艺术审美创作中，走的是或者纯写实主义或者纯意念主义两个极端，康德所谓“在有限形象里展示无限的理性内容”的审美原则，在现代西方艺术审美中也被扬弃，沿着“分且隔”的理路越走越远。当前世界，科学学科在机械整合的同时，分解得更加细化。在西方人看来，宇宙永远不是也不会成为生命本体，而是一架可分可合、可拆可装的庞大“机械”。

三

笔者认为，在世界各民族中，中华民族真正解决了思想、情感、意志即知、情、意自由的难题。如果说古希腊人在经过英雄时代以后便割断了原始民族社会的血缘纽带，那么，中华民族则在远古部落村社时代便生成了以血缘为纽带的社会形态，这迈向心智开化的第一步便决定了中华民族拥有其他民族所无可比拟的精神活动形态。

以家庭为本位的现实生活扩展了向人与自然、人与社会关系的双向思考。在人与自然的关系方面则有从“夫妇—男女—天地—阴阳—有无”的感悟，在人与社会的关系方面则有从“男女—夫妇—父子—君臣”的感悟。在这双向思考中有一个围绕的核心，即男女。男女是人的两性，夫妇是男女两性的合体，以情为本，组成家庭，形成角色关系本位。

为了建立家庭伦理，人们从天地万物的自然关系中感悟到一种伦理道德关系作为人与人、人与社会关系的范本，将自然人转变为家庭和社会的角色，把人的自然血缘伦理运用到家庭和社会伦理中，这就是以孝为本的“礼”的产生，并从中逐渐演化出“夫为妻纲，父为子纲，君为臣纲”和“仁、义、礼、智、信”等三纲五常。这些道德伦理在构建传统的家庭秩序、社会秩序和治国理政方面发挥了重要作用。

为什么天地自然关系可以成为人世间道德伦理关系的模本，可以转化为以家庭关系为本位的道德伦理？中国先民在生产生活实践中，仰观天文，俯察地理，近取诸身，远取诸物，感悟了四个字，即《易经》上的“元（乾元资始）、亨（大化流行）、利（氤氲化生）、贞（生生不息）”，创生了宇宙生命本体观，从现实生命空间的梯级存在感悟天地生命生生不息的上升过程，而这一创生过程的最高级、最复杂的产物就是人。诚如《荀子·王制》所说：“水火有气而无生，草木有生而无知，禽兽有知而无义，人有气有生有知亦且有义，故最为天下贵也。”这就解决了人是什么、从哪里来的问题。

人是宇宙生生不息之最高最贵之物，不仅有气有生有知亦且有义，是宇宙所有精华之大全。儒家提出生之谓性和天命之谓性两个命题，它们是什么关系？应该说，前一个命题是对所有事物（也包括人）所设，是为气禀，宇宙创生每一物皆有物性；第二个命题讲的是性禀，所谓生之谓性，人亦同万物一样，也是气禀之也，又说继之者善也，即人性本善，是说人禀天性之全耳。所谓"性也有命焉之'命'，是言所以禀之分有多寡厚薄之不同也"（朱熹语）。道家将宇宙生生不息谓之道，说"人法地，地法天，天法道，道法自然"。虽未明说人性本善，但人才可顺法地、天、道、自然，当然最为天下贵。

如上述，水火有气，则有气之性；草木有生，则有气之性、生之性；禽兽有知，则有气之性、生之性、知之性，有多寡之分，厚薄之别，唯人有气之性、生之性、知之性，还有义之性。性禀天地之性之全，故天地与我为一，万物与我相通。有性即有情生，性静情动，人与天地为一，性而已矣；人与万物相通，唯情可为，故天地生生之道由情所生。命、性、情、道四者中，命者，授之不易之善者也；性者，物之所以为之者也；情者，天地生生之氤氲者也；道者，天地生生不已之名者也。此四者可悟而思之，难以知论且践行之。故宋前各代修齐治平，多是阳德阴法，王霸杂用，礼而已矣！宋明以降，道学圆成，道统完备，形上、形下融通，皆是理、心二学相拥而立所使然。

四

荀子说："礼即理也。"但此理非形而上之理，故法家用荀礼创立法家学说，走上礼法之路，成法理之学。法家成全了秦始皇一统六合之大业，创郡县一统封建之制，但好景不长，直到汉武帝独尊儒术，行杂霸王道而用之策，才成就中国两千多年郡县一统封建制国家。

一个民族的思想文化只停留在修齐治平的实用水平是不踏实的，它要走向圆融神通、自满自足才能成为自己可靠的精神家园。到了宋明时代，道学分成两派：一派上承荀礼而参儒、道、释、法，体贴出"天理"二字（程颢），创理学；另一派继孟子心论，发明本心（陆九渊），创心学。

理学讲"性即理"，天理流行发用，无间容息。于命是命理，于性为性理，于情论情理，于道则明道理。朱熹说："形而上者谓之道，物之理也；形而下者谓之器，物之物也。"形上形下不二，天道天理为一。那么理学家如何看人性呢？已如上述，朱熹又说："天人一物，内外一理，流通贯彻，初无间隔。"可见，天性与人性只是一物，天性之大全于人性可见，天理之大全于人心可见。所以在理学家看来人性自足，天理自足。不过，其他万事万物所命天性有多寡厚薄之分，故其天理亦不同。理学家提出"理一分殊"之说，正是人为理一，万物分殊，格物致知，万物资如。

心学说"心即理"，陆九渊说："宇宙便是吾心，吾心即是宇宙。”王阳明说：“心外无物，心外无事，心外无理，心外无义，心外无善。”心把天地万物都放在里面了。他们的根据就是：“人者，天地万物之心也，心者，天地万物之主也。心即是天，言心则天地万物皆举之矣！”（王阳明语）看来，心学家是把心置于比理学家更根本处了。心如此无限廓然，如此重要，就在于其主体性、主动性。它禀天地万物性理之全，当然可致天理于万事万物，随处可体认天理，这是人生一种最高的精神自由境界。当然，心学家也认为人之私欲可蒙蔽本心良知，必要修养德行，祛除私欲，本心彰显，才能达至善之境。

其实，无论理学还是心学，皆是道学之一体两面，所异者在于二学认理心体用之颠倒。理学以天理为体，心为用；心学则以心为体，其他为用。理学家认为：“体、用也定。见在底便是体，后来生底便是用。”就理与心言，理是见在底，心是后生底；但就心与理言，后生之心包有天地万物性理之全，况天理二字也是人心体贴出来的。所以笔者还是赞成以心为体，且与无所不具的道体同一。心作为天地万物之本体还有理所不具之主体性、能动性，在这方面，理学家们也是赞同的。张载提出“心统性情也”。朱熹解释说：“性是未动，情是已动，心包得已动未动。盖心之未动则为性，已动则为情，所谓‘心统性情也’。”他赞胡宏《知言》：“‘性立天下之有，情效天下之动，心妙性情之德。’此言甚精密。”以心为体，事事物物无所不通，无所不知，无所不用矣！

五

笔者认为，西方人推崇的思想自由、审美自由、意志自由是纯粹精神现象的幻觉，是不可能付诸生活现实的。科学理性崇尚的价值中立是对自然生态、政治生态、经济生态、文化生态和人自身生态的摧残，这一点就连西方有识之士也看得很清楚，要为物理学寻找伦理之家，强调最高的科学不能没有最高的道德。审美自由或曰创作自由，康德、黑格尔都有论述，康德说“美是道德的象征”，美是理念的表象，这些判断再清楚不过地指明了艺术创作自由从来离不开道德、理念的指导，有限的形象内潜隐着无限的理性精神。那么意志自由呢？既然思想自由、审美自由不可能，也就是说知、情的自由不可能，我们的意志还能随心所欲地选择吗？

所以，人的自由只能在知、情、意统一的精神活动中，即心的自由。心学说“万物皆备于我”，理学说“吾性自足”，故天地与我为一，万物与我相通，我可安时而处顺。理学讲“心统性情也”，心学说“致吾心良知之天理于事事物物，则事事物物皆得其理矣”。我便乘物以游心。安时而处顺，身世不二；乘物以游心，心物不二。所以，比起西方人所谓的思想自由、审美自由、意志自由的幻觉，中国人的自由则实实在在、踏踏实实得多了。

心得篇

中国“四毋”与西方“四务”

《论语·子罕》曰:“子绝四:毋意,毋必,毋固,毋我。”笔者认为,这应该也是中国人自我修养的“四目”。所谓“毋意”,是说“事未至,而妄为臆测也”(取钱穆解,下同)。人生在世,不要对未发生的事情滥猜疑、乱揣测。所谓“毋必”,一是“固必义。事之已往,必望其常此而不改”,二是“期必义。事之未来,必望其如此而无误”。宇宙的事物间并不存在必然一定的因果关系,对以往的经历、经验切忌泥古僵化,对未来的事情不要期许而武断。所谓“毋固”,讲的是人都生活在集体中,每个人都有长处和短处,对事物的认知和判断都会有片面性,因此切忌固执己见,执滞不化,要善于听取、采纳别人的正确看法和意见。所谓“毋我”,就是不要自私自利、自我中心。孔子讲“四毋”是建立在宇宙生生不息的生机活动和天人合一思想基础上的。

西方人以实体为本位，持主客两分的原则，所以与中国人崇尚“四毋”相反，他们坚持“四务”观，即务意、务必、务固、务我。西方人重视科学，并在科学理性的基础上发展出社会科学和哲学。其形式逻辑的传统和实证方法的训练让他们在科学进取的道路上务必要多一些怀疑、猜测，这于科学新知的发现大有裨益，但于社会人事的处理上往往存在不足。他们坚信因果必然律的正确（固必义），并且总是通过因果逻辑推理而对未知的所谓原理寻找有利于己的证据，期望如此而无误（期必义）。如果说这种思维方法对自然科学的发展还能产生积极的作用，那么在处理国际关系问题时，却往往事前预设，强人就范，结果总是难以圆满。西方人以为真理在手，价值普适，永远正确，其单边主义、唯我独尊、自我中心的积习成为其“务固、务我”的形象诠释。与“务意、务必”不同的是，如果后者对自然科学的进步还有些积极作用，那么前者给人类世界带来的只能是混乱乃至灾难，这应该引起世人的警觉！

中国人讲“四毋”，同时也有自己的操守，即道法自然。这就是：唯道是从，不讲必然，而讲自然；悟道以诚，不讲自由，而讲自律；得道明德，不讲自我，而讲和我。笔者认为，这才是真正放之四海而皆准的普适价值！

西化派精英们的精神错位

最近,笔者读了一本美国人出版的《历史的真相》。书中以下的观点给笔者留下了深刻印象:

(1)科学作为一切真理的源头和模式的地位被推翻。

(2)怀疑主义既是一种求知方式,也是一种思考角度。

(3)怀疑的态度可以助长新知,也鼓励人们保持开放的心境。

(4)怀疑主义其实就含在西方文化的骨髓里。

(5)相对主义是怀疑主义在近现代的一个必然结果,认为一句话的真理性只是与说这句话的人所处的地位相关联。

笔者对上述几句话并非完全赞同,当然对《历史的真相》一书的主旨也有所保留。但令笔者大惑不解的是,有些在西方受过哲学社会科学教育的知识精英们回国后,为什么连些许西方怀疑主义的科学精神也没有学到，而只是将学来的一些常识性的知识不加分析地说出，或者回到国内后对自己的民族文化持怀疑乃至批判的态度，但从未看到他们对西方的思想怀疑过！他们迷信西方的所谓民主政治，宣传西方的所谓自由平等人权，把这些说成是普适价值、绝对真理。

探求科学真理需要怀疑精神，实践道德规范则需要虔诚的态度。为此，西方人制造了一个全能的“上帝”作为绝对命令的制定者和最后的裁判者，约束、审判人们的情感行为；中国人创造了内在的本心良知，告诫、指导、约束人们的情感行为。西方人为了生存和发展，远在古希腊时代就设计了法治的民主政体和人治的专制政体；而中华民族自远古以来就遵循着德法并用的礼治传统。西化派精英们却怀疑乃至否定了这一点。由此可见，他们的确是因以西方主义为中心而导致了自己的精神错位。

当今世界的大势潮流

笔者注意到，最近讨论世界潮流的文章多了起来，一位名叫陶东风的作者撰写了一篇名为《"自己的道路"要服从"世界大势"——读报偶得》。在这篇《偶得》中，陶作者对习近平主持中共中央政治局第七次集体学习时强调的"在新的历史条件下坚持和发展中国特色社会主义，必须坚持走自己的路，必须顺应世界大势，必须代表最广大人民根本利益，必须加强党的自身建设，必须坚定中国特色社会主义自信"这段话进行了解读。他说："我的解读：这里面最最关键的问题是如何处理'坚持走自己的道路'和'顺应世界大势'的关系，而处理这个关系的关键又是理解：顺应的是什么样的'世界大势'？最近一个世纪的世界大势的核心是什么？我认为就是民主化浪潮，顺应民主化浪潮就是顺应世界大势，否则就是逆世界大势，其实这点早在孙中山先生的‘天下大势，浩浩荡荡，顺之者昌，逆之者亡’中就说的很清楚了。在‘坚持走自己的道路’和‘顺应世界大势’两者中，民主化是大势是原则，‘自己的道路’必须服从这个原则。换言之，如果自己的道路不合乎这个原则，就要对之进行必要的修改。”

笔者认为，陶先生的“民主大势说”可以休矣！如果问当今世界大势是什么？那就是改革的潮流！试问当今世界哪一个国家不需要改革？哪一个国家不需要发展？

笔者先说说当今世界潮流是否是“民主化浪潮”。抽象地看，这句话没有什么不对；但具体地看，不知这“民主化浪潮”具体指何？是美欧式的民主，还是亚非拉式的民主，抑或是中国式民主？而在这众多的民主形式中，还可以细分更多的形式，如三权分立制民主、君主立宪制民主、议会内阁制民主、政教合一下的议会民主，还有核心政党领导下的多党协商制民主。那么，陶先生所指的“民主化浪潮”是亚非拉国家实行的民主制吗？似乎不是。笔者以为，应该是西方式的民主制。也就是说，只有西方式的民主才是陶先生所说的“民主化潮流”的世界大势。如果笔者判断正确，那么中国要坚持走自己的道路就要顺应西方民主化所设定的世界大势，就必须走西方式的民主之路。可这样一来，何谈坚持走自己的道路？只要照搬西方模式就可以了嘛！可以看出，西化自由派们走进了逻辑悖论的死胡同，更是与中国历史的发展道路背道而驰！

有学者认为，当今世界民主政体发展得最为成熟的是西方民主,因此它应该代表着世界发展大势,其他国家最终都要选择走这条道路。这种观点也是错误的!世界上存在着众多不同质的文化,它们是这个世界上众多民族国家的人民生活样式在观念形态上的折射,而以什么样的政治体制管理国家大事正是其文化的有机组成部分。随着社会的发展,其文化也不断地丰富发展,但发展的趋势只能是越来越适合人民群众的生存、发展与幸福。当然,其中也包含不断改革政治、经济、文化等体制,但这种改革不会是照搬别国模式,而只能是在自己民族文化传统的基础上适应时代性的改革。这不仅包括亚非拉国家,也包括欧美等世界上所有的国家。如果人为设定西方民主是当今世界上发展最成熟、最具代表性的民主形态,那么其他国家就必须向西方国家看齐,走西化之路,这是典型的西方中心主义谬论!

所以,笔者认为,当今世界上所有的国家面临的不是“民主化浪潮”,而是改革的浪潮。西方国家在改革,东方国家在改革,发达国家在改革,发展中国家在改革,新兴国家更在积极推进改革。一言以蔽之,当今世界无论哪个国家,不改革就没有出路,不改革就会落伍,不改革就会被淘汰。当然,各国的改革重点不同,方式有别。笔者认为,中国的改革必须站在民族文化传统的基地上,睁眼看世界,瞄准时代发展的前沿,坚持走自己的路,改革才有成效,才既不会走向西化的邪路死路,也不会固步自封走僵化闭塞的老路。

所以,改革才是当今世界的潮流,这也是包括孙中山先生时代在内的一个多世纪的世界大势!

以人为本与工具理性

笔者在《道兮归来》[见拙著《心论集(续)》,人民文学出版社2012年版]一文中提出中华文化是道本文化,也可说是心本文化。“道本”讲人为天地之心,“心本”讲心为天地之主。讲人为天地之心,即人合天地万物之性,世间万事万物,没有人不能悟通其理(价值)的,没有人不能体究其用的,也没有人不能融通天地而成和谐宇宙的。因此,中华文化五千年皆是以人为本,如此而有生机整体宇宙观之昭昭落实。

道本于无,非是“无道”,而是宇宙生机一统之谓。以此又可说道本于一,即宋儒所谓“无极而太极”。这个“一”非谓有某一个具体之物,而是天下定于一之义,这个“一”就是“心”,即宇宙精神。宇宙生命活动的高度统一谓之天心,也可称道心、本心;人自身生命活动的高度统一谓之人心，如此则天心（道心、本心）与人心从根本处是一体相通的，其昭昭一体之生机活动正是宇宙生机本体活动的生动写照和生生不息之延续。

宇宙无限一统之生机活动是多样化的互补互济、和合相生的无限过程，所以，天地万物既合且通。宇宙精神，若只讲天心（道心、本心只是说法不同），不讲和合，则天心不存；若只讲和合，不讲天心，则和合不能，何谈宇宙生命！宇宙以心统摄，“合且通”，故能创生万物，宇宙无限之生生，必以创生之天地万物以显现，天地万物之有限，必以宇宙生生之无限而永续。宇宙生生不息之道即中华文化生生不已之本。

中华文化是有心文化，故崇尚天地万物“合且通”，在数千年治国理政的实践中颇重两件事：一是大一统，即有心统摄；二是人和政通，治国理想是政通人和、国泰民安、大同和谐。在这样治国理念的指导下，中华民族长期生活在和谐安定的社会环境中，创造出众多生产、生活器物和实用技术技能，引领世界文明发展长达 15 个世纪左右。这与长期养成的以悟为本、“悟、思、虑”相统一的精神活动方式分不开。这种精神活动方式以“会众合一、综合创造”的发明成就了与西方人“形式逻辑 + 实证方法”相结合的发现发明迥异的文化发展理路。

二

西方人在生产生活实践中，养成的是“分且隔”的实体本位宇宙观。中国人是把天地万物视为宇宙生生活动的不同性质、不同层级的成果而承认其生命整体是不可分割的组成部分;西方人则一律视为具有不同性质的实体,分为无机界、有机界,有机界又分为微生物界、植物界、动物界,即使人类生命也要分为精神、心理和肉体,而人的思维活动还要分为感性、知性、理性等。西方人在无限而无果的分析过程中,确也发现了建立在因果关系基础上的科学定理、定律、公式等,而科学的每一次重大进步都是建立在对物质更深层结构、更不可思议现象的内在规律分析认识、逻辑推理、实证发现的基础上,从而形成了科学发现的知识系统,并从其转化的科学技术中推动社会历史的进步。

科学发现活动、科学知识转化为科学技术而形成新的生产力与生产关系及建立其上的哲学、政治、宗教、法律、艺术等观念形态的思想构成了西方社会历史发展的形态框架。在主客两分架构下,不断分解物质世界(人也包括在内),不断探索内在深层规律,又不断产生悖论,诱使人们再探索。人们在“黑暗—光明—黑暗—光明”的无尽求索中,在“狂欢—失望—狂欢—失望”的无果进取中,致使原本以人为主体的科学探索活动无意识地倒置了主客地位。科学的“魔力”把人当作自我发现的工具,利用人的激情和理性为自己开辟前行之路!工具理性主义把因果逻辑与实证方法结合在一起,为人类世界留下了不同学科的知识和众多的科学技术:虽在很大程度上成为推动社会进步的动力，但在某种意义上也变为戕害原本和谐的自然生态的利刃。所以，科学必须重新回到人的掌控之下！

二

有着以人为本传统的中华文化是拥有仁智之心的“合且通”的文化，真善合一的价值追求和会众合一的创造精神不仅能为科学找到伦理之家，而且可让科学技术成为新的创造之源，就如同历史上中国人创造的经验技术技能为西方人的科学探索活动提供了发现之源一样。

历史上，中国人的创造发明是宇宙生生活动的继续和发展，它们不仅丰富了人们的物质和文化生活，而且还保护了自然生态、社会生态和人自身的和谐。今天，中国人面对风谲云诡的世界局势，必定要拥有自卫而能战胜任何敌人的能力。当然，以此为前提，追求全面和谐尊严的民生福祉而进行的创新活动离不开西方人发现的科学知识和科学技术。中国人有智慧和能力对科学技术进行再创造，这方面的成就已经举世瞩目。

笔者以为，马克思主义的科学原理可以而且应该成为中国实行治国理政和制定改革开放政策的指导方针。马克思在《政治经济学批判》“序言”中有一段话：“人们在自己生活的社会生产中发生一定的、必然的、不以他们的意志为转移的关系，即同他们的物质生产力的一定发展阶段相适合的生产关系。这些生产关系的总和构成社会的经济结构，即有法律的和政治的上层建筑竖立其上并有一定的社会意识形式与之相适应的现实基础。物质生活的生产方式制约着整个社会生活、政治生活和精神生活的过程。”这段话揭示了西方社会阶段性发展的原因和规律，但不适合中国社会历史发展的情况。不过，马克思的这段话对今天中国的政治体制、经济体制、文化体制等各个领域的改革确是可资借鉴的思想资源，使我们始终保持清醒的头脑、冷静的心态，从容面对改革过程中出现的困难和问题、挑战和机遇。事实上，人类所创造、发现的一切精神和物质成果都可创造性地融入中华道本文化中，成为中华民族的精神财富和物质财富。

中西文化讨论中的几个关键问题

最近，笔者与一些学术朋友讨论中西文化比较问题，感觉有一些关键问题并未搞清楚，以致在讨论中往往是南辕北辙、郢书燕说。这些问题是：

第一，当今世界上人们对宇宙的基本看法或曰宇宙观到底是一种还是两种？一种何谓？两种何谓？

持一种宇宙观者认为世界上只有一种即西方人所持的二元论宇宙观：唯物论与唯心论；持两种宇宙观者认为世界上有唯物论宇宙观和唯心论宇宙观两种。笔者认为，无论是前一种观点还是后一种观点，都是西方人所持的宇宙观，可谓西方宇宙观。

笔者对宇宙的基本看法与上述观点不同，认为世界上有两种宇宙观，但不是唯物论和唯心论两种，而是实体本位宇宙观或曰机械整体宇宙观与关系本位宇宙观或曰生命本体宇宙观。上述观点的错谬在于把西方的两元论宇宙观作为唯一一种宇宙观:两元不是两种。

西方的两元论宇宙观是在主客两分基础上认知宇宙的产物,因之便有灵与肉、精神与物质、理性与经验、可知论与不可知论等的两分,并在这种两分逻辑基础上发明了科学知识体系和宗教哲学体系。中国的生命本体宇宙观是在主客合一、灵肉结合的基础上感悟宇宙的结晶,因之中国人便有天与人、灵与肉、精神与物质、经验与理性等的有机合一,在这种关系本位基础上发明了"悟、思、虑、行"四位一体的精神活动方式和知行合一的行为活动方式以及人本伦理性生活模式。

概括言之,西方是"分且隔"的宇宙观,中国则是有心统摄、"合且通"的宇宙观。用西方无心统摄、"分且隔"的宇宙观来讨论中国人的思想难有契合点;同样,以中国人有心统摄、"合且通"的宇宙观来讨论西方哲学思想也难有交集!最好的路向是以中国人之"心"格西方文化之"物",以中国化的西方文化丰富中华文化,而绝不可以反其道而行之!

第二,世界上有无普适性价值观?

由上述两种宇宙观的表述中,合乎逻辑的答案应是"无"。如果说有,那么,具有普适性的价值也绝非西方文化价值,而是全人类普遍承认的价值,如儒家主张的"己所不欲,勿施于人""己欲立而立人,己欲达而达人"等的原则。

笔者以为,自由、民主、平等、博爱等这些西方国家鼓吹的普适价值,在抽象的意义上似乎是普适的,但在具体现实中,这种抽象的价值观念是无具体意义的“普思观念”。西方国家打着这些抽象但无意义的“普思观念”是作为幌子,以期在全世界推销具有西方现实意义的价值观。

西方人认为,他们发现的科学知识体系与民主政治制度是具有普适价值的,这是错误的。科学知识体系是实体本位、“分且隔”的产物,在中国人看来,宇宙生命本体是有心统摄、“合且通”的“无极而太极”,西方人把它分隔开来,虽然可以探求其因果规律性的东西(这规律性的东西之所以存在,也是因为宇宙是具有自洽性的生命本体),但他们把科学知识再转化为科学技术用以征服利用自然界,其本性是不言自明的。中国人认为宇宙是生命本体,其生生不息是至善本性,其表现为创生万物(中国人在此基础上参赞化育而不破坏宇宙生命),因此恰恰是中国人众多的生生链条上的创造发明为西方科学知识体系的发明和工业革命的成功提供了经验技术。

西方的科学知识体系是崇力体系,知识就是力量是此体系的最好注脚。科学方法运用到社会政治研究领域,崇力仍是其原则。多数否定少数的程序化模式(民主政体的原则)到少数人决策(贵族政体原则)再到个人决策(专制政体原则)是西方社会不断转化的政体模式。古希腊、古罗马是如此,中世纪封建领主社会基本是专制政体,而近代以来又是民主政体与专制政体的转换、交错运用。中国历史上有的是礼治传统，概言之，即大一统封建制传统一以贯之，并随着家庭形式的变化而改变其治理国家的方略。历史上，中国曾经历了部族一统封建制和宗法一统封建制。

西方自古希腊开始就有联邦制国家形制，延续至今，这是西方人的发明；而中国的封建制是建立在血缘纽带基础上的一种国家形制，其历史跨度大大超过西方实行联邦制的历史。西方的联邦制是以实体共和国为本位、以法律为纽带的一种外在组合的复合型国家形制，而中国的封建制是以关系为本位、以宗法血缘为纽带的一种内在生成的复合型国家形制。两种形制不存在孰优孰劣的价值判断，都是各自顺应自然、社会、文化形态发展起来的。

第三，科学知识体系要为人的价值服务。

笔者认为，科学价值体系如任其肆意发展，人类将成为被动的受害者，因此要充分利用其对自然环境生态、社会文化生态和人类生命生态有益的方面，控制其不利的方面，即要把它关在价值的笼子里，为它找到伦理的家园，这是我们现在以及将来都必须要做的事。

在基础科学方面，中华民族可能不敌西方民族，但可以肯定地说，在科学技术创新方面，西方民族敌不过中华民族。纵向的逻辑思维可以发现科学规律、科学原理并将其转化为科学技术，但横向的悟本精神活动可以格物致知、无中生有，即在现有的科学技术中会众合一，创造出逻辑思维认为不可能的发明。中华民族需要逻辑思维方式和科学实证方法，而我们的优势恰恰在于“悟、思、虑”三位一体的精神活动方式。因此,中华民族有“两手”比西方人只有“一手”要自由自在得多了。

中华民族独特的精神活动方式不仅在科学创新方面具有优势,而且科学技术还会在我们的操控下制约自己的负面作用,从而为造福人类和保护自然生态服务。

机械本体与生命本体

西方人把自己的哲学看作是反思的哲学。所谓反思，就是对思想的思想或曰思考思想。这是一种否定的、批判的、超越的哲学的又一个说法。那么，西方人为什么总是对前人的思想不断地进行反思？是因为他们思想的前提是实体本位，而且他们又认为现象实体世界总是不断变化的，因此是不可靠的；而本体世界（康德所谓物自体）是不可知的，而人的精神总要探求世界的本原。那么"上帝"作为大全的世界本原是虚无缥缈的，或许给他们指出了一条求索世界本原的信念。因此，西方人发明了科学理性，即"逻辑思维+实证方法"，并由此开始了他们探索求知世界本原的历程。这是一个纵向深入而又永无尽头的过程，这个过程充满了激情、奋斗、苦闷、思索、冒险。他们遵循因果律，攻克了一个又一个壁垒，取得了一个又一个科学原理，发明了一代又一代科学技术成果。每取得一项成果就会推动社会的进步，但也会带来不幸……新的疑问、否定和新理论的猜想又激发他们再去探索，提出假设和新设想。就这样，一步步深入，一番番失落；一轮轮奋斗，一次次失望。当每次成功的喜悦过后，西方人很快又发现了黑暗，而全能的"上帝"依然还在光明的彼岸世界向他们招手。于是，世界的本原继续诱使西方人运用自己的哲学方式去探索……

中国人从人与自然的互动关系中体悟宇宙生命本体，即道。因此，中国人来到这个世界上就有了归属感、家园感。宇宙是一个生命整体，人是这个整体中的"心"，它是天地万物之灵，天地万物统一于"心"，因此，人可格致万物，参赞化育而成就天地万物之和谐。中国人可包容天地万物于"心"，故可创生新物而造福人类。由此，中国人总是在肯定前人思想的同时开出新的思想。如果西方人是在不断否定之否定（肯定是其中介）中探求世界本原，那么中国人是在肯定之肯定（否定是其中介）中沿着宇宙大道前行。历史上，中国人曾经以自己创造的无数经验技术技能推动了人类世界的进步并带给人类福祉，那么，笔者相信，今天西方人发明的科学技术成果将经过中国人的生生过程，给科学技术装进伦理的笼子，制约其负面作用，开启人类生活的新纪元！

气节之美

最近，笔者看了一篇文章《德国人怎样看中国》，其中有如下几段话：

1620年，英国哲学家和王室重臣弗朗西斯·培根出版了其划时代著作《新工具》，对欧洲人进行自然研究的过程进行了科学的分析。他指出："没有什么能比那在古代鲜为人知的三大发明更说明问题。这三大发明就是印刷术、火药和指南针。它们改变了世界的历史。就对人类的巨大影响和力量而言，没有哪一个王国、哪一个宗教或哲学能够与这三大发明相比。"

……

弗朗西斯·培根当时并不知道，这三大发明以及与书籍印刷密切相关的造纸术的发明都是来自中国。

……

在这四大发明的基础上，宋代的中国还为世界带来了一系列其他的重要技术发明——它们比欧洲的经济和技术发展至少早几百年。这是基于对李约瑟浩瀚的多卷本《中国科学技术史》等著作精研、吸纳后而成的令人信服的定论，可与18世纪伏尔泰等大师掀起的欧洲“中国文明热”和几年前孟席斯《1421年》一书再度引发的欧美“中国奇迹”论相互映衬。

笔者把这几段话摘录下来，并非拿我们祖先的辉煌引以为豪，也不是为我们民族曾经的落后挨打寻找慰藉。笔者想说，既然我们的祖先曾经创造出世界其他民族没有的辉煌业绩，难道他们的子孙就只能“望洋兴叹”自甘落后吗？当我们国家又创造出新的奇迹并令世人震惊时，有些人却熟视无睹、充耳不闻，还在那里谈论着电灯电话、火车飞机、坚船利炮等西方人的科学技术发明而自惭形秽，觉得百事不如人。如此毫无气节，怎么配得起“炎黄子孙”这一称号？我们是中国人，就要为祖国的强盛有担当，为民族的振兴负起责任！

中国人有中国人的优势，历史上的创造发明是中华民族道本文化或曰心本文化的结晶，是中国人悟本精神活动的产物。借用康德的话说，悟本精神活动是富于“创造的想象力”的，它与西方人的逻辑思维和实证理性相结合的因果联想活动有很大的区别。如果每一个中国人都能安下心来，博学审问，静思笃行，那么集体的“创造的想象力”就会如火山喷发一样，再创新的辉煌。当年的西方人利用中国的创造发明和人文学说促进了自己的科学发展、工业革命和社会进步,今天的我们同样把他们送来的科学技术成果经过再创造,也一定会把中国建设成强国!

什么是气节?笔者以为,不以物喜,不以己悲,先天下之忧而忧,后天下之乐而乐;富贵不能淫,威武不能屈,贫贱不能移!这就是气节!

关于形上与形下

东方文化与西方文化都曾经提出了“形而上学”与“形而下学”的观点。那么,东西方文化中的“形而上学”与“形而下学”中的“形”到底指的是什么？二者有何异同？下面笔者主要谈谈自己的观点。

一

中国先民在“仰”“俯”“近”“远”“反”的体悟中,认为宇宙是生命本体(气本体、道本体、心本体是不同学派从不同角度感悟宇宙的观念)。所谓生命本体,说到底是以无为本。若如此,那么“形”者何在？有形必有界,有界必有分,有分必有隔。这与生命本体气化流行、一体相通不合,所以中国先哲讲形而上者谓之道,形而下者谓之器,道器不二，一体流通，“形”便成为格物致知的环节而融合于悟本精神的活动中。所谓“大道无形”是也。

二

墨子是讲形式逻辑的，这与他出身于手工业者有关。手工业者，无论是木匠，还是铁匠，抑或是泥瓦匠，都离不开“形”，他们要丈量、画线、画图。与形式逻辑关系密切的几何学是必修的，这是墨家创生形式逻辑的现实生产基础。墨子身处战国时代，兵家相争离不开各种军事器具，这是墨家手工业能够独立存在的时代条件。但是秦汉大一统后，情况发生了变化。

秦汉大一统四百余年，崇尚宇宙生命本体的儒家融合百家而独尊，墨家也消融其中，这是墨家消融的文化基础；天下大一统，社会平静，以家庭为本位、以农耕为主体、士农工商一体化的现实社会生活让手工业者独立存在的条件丧失了，就像商人独立存在的社会生活条件丧失了一样，一切都是生机活体，墨家的形式逻辑也就消融于道本文化之中。

三

西方则不一样。西方文化起源于古希腊，那里多山丘，少平原，气候炎热，干燥少雨，爱琴海一带岛屿众多，相邻较近,人们分散而居,以手工业和商业为生。因此,他们很早就形成了实体本位、关系从属的观念。所谓实体本位,必有形有质,有界有线。他们从现象实体的数量关系中发现了数学,从形体关系中发现了欧氏几何学,而二者的结合则发现了解析几何学。物理学中的力学既需要数学,也需要几何学,它们各自发展,相互为用,共同进步。可以说,没有欧式几何学就没有亚氏形式逻辑,而没有亚氏形式逻辑也不会有欧式几何学的发展。从欧式几何学和亚氏形式逻辑,我们不难发现西方文化的源头就是"分且隔"的无"心"文化,而中华文化从其源头处就是"合且通"的有"心"文化。

秦皇汉武奠定了郡县一统的封建社会

笔者认为,在中国五千年的辉煌历史中,影响最大的莫过于自秦汉以至明清二千多年的郡县一统封建社会,而开创并奠定了其治国方略的是两个伟大的历史人物:秦始皇与汉武帝。

一

公元前221年,雄才大略的秦始皇遵从法家思想,任用李斯,纵横捭阖,统一了中国。统一中国后,秦始皇继续法家路线,修秦律,废周礼,创新制,统一文字,统一道路,统一度量衡,以等级官吏制度取代等级世卿世禄制度,以封土建政的郡县一统取代封土建侯的宗法一统。

在中国漫长的文化发展演变中,礼作为治世之道,从中衍生出德治与法治两家，德主情，法主理。孔子创儒家，注重礼，但以仁为核心。到了战国，儒家内部一分为二：孟子与荀子。孟子尚仁，荀子隆礼。前者认为道由情生，性为天命，人性本善，后者认为生之谓性，性为气禀，人性本恶；前者讲尽心，知性，知天，重在修心养性，后者主张外施教化，以法节情，克己复礼；前者讲仁，正心复礼，内圣以求修齐治平，后者注重教化，外求事功，外王以成修齐治平。二者各有侧重，殊途而同归。

荀子隆礼，非是复周礼，而是一种新制度，这由他的两个学生——韩非、李斯打开了局面。韩非斥礼，是周礼不是荀礼；韩非崇法，是集法家之大成，且以积极进取的精神融合道家之辩证法，强化了法家霸道气概，致有李斯辅佐秦始皇成就天下统一之大业和郡县一统封建制度。但是，秦始皇为了巩固统一霸业，仍行严刑峻法，以法化一，不重物情，以致情殇道失，二世而亡。秦之亡不在制而在政。

二

汉代秦立，初行黄老无为之策，与民休息，百业恢复。但是汉初统治者不明秦亡之过在政不在制，试图复周礼，致有“七王之乱”，不得已而承秦制。此时雄才大略的汉武帝出，面对汉初经济发展、国库殷实但边患频仍、内政失据的交困局面，坚持巩固发展郡县一统封建制度，纳董仲舒“罢黜百家，独尊儒术”之策，变消极无为之政为积极有为之政，杂霸王道而用之，周礼废而荀礼立，内强政制，北击匈奴，成就强汉盛世。后世近两千年，虽有魏晋南北朝的分裂、宋辽金的对峙，但皆为中华民族融合、生生不息之必要历史发展阶段，大一统局面已然成为主要发展趋势。

三

自公元前 221 年至公元前 140 年，历经 81 年，秦皇汉武找到了一条治国理政的正确道路。简单说，即秦制汉政；展开说，即郡县一统封建制与杂霸王道而用之的方略或曰以道为本、儒法杂用的治国方略。

交流篇

与张宝正先生的交流

张宝正,河北省秦皇岛第一中学语文特级教师。现已退休。笔者与张宝正先生有着多年的深厚友情。笔者先后出版的《心论集》(中国文联出版社 2003 年版)和《心论集(续)》(人民文学出版社 2012 年版),张先生一直予以关注并提出了许多中肯的意见,多次与笔者进行了坦诚而有效的交流。在此,笔者将与张先生的交流心得选录如下,以飨读者。

一、2013 年 1 月的交流

1.《心论集》第 3 页

笔者在此处说:"人类解决自身与自然界的关系问题在那时有两个目的:一是确保自身的生存;二是确保类的存在,即种的繁衍。"

张先生认为此处可加恩格斯的观点：人类要存在下去，关心的是两件事：一是物质资料的生产，一是自身的生产（《家庭、私有制和国家的起源》）。在此，笔者没有引用恩格斯的话，是想强调中国先民始终是把这两件事作为人类生存的两个方面，而西方学者包括恩格斯是把物质资料的生产与人类自身的生产作为两件事。西方人侧重物质资料的生产，中国人重视人的作用，由此中西文化分道扬镳。

2.《心论集》第8、117页

笔者在此两处说："严格的嫡长子继承制和'我的附庸的附庸不是我的附庸'的等级原则使西欧的封建制具有僵固的性质。""依据法律和契约而形成的宗主和附庸的关系是'我的附庸的附庸……'"

张先生发出疑问：此两处的"附庸"与中国西周、春秋时期的"附庸"不是一个概念吧？西周、春秋时期的附庸指附属于诸侯的小国的国君。附庸没有资格与天子有直接联系，它是听命于诸侯的。其实，西方中世纪实行的在法律基础上的"我的附庸的附庸不是我的附庸"与笔者在文中所说西周封建制"我的附庸的附庸仍是我的附庸"，这两句话中的"附庸"是有区别的。笔者是为了对比中西方封建制的不同，为说明中国社会历史走的是与西方不同的另一条道路做铺垫。如果要确切地说，则中国西周封建制应该是以"我的子嗣的子嗣仍是我的子嗣"为原则，这是由于中国没有割断血缘脐带所致。近百年来，中国人研究西方中世纪社会，“附庸”一词被翻译过来。笔者借用此词是想说得通俗一些，所以加了引号，既有借用之意，又有关注的意思。

3.《心论集》第32页

笔者在此处说：“恩格斯在《路德维希·费尔巴哈和德国古典哲学的终结》一文中指出：‘全部哲学，特别是近代哲学的重大的基本问题，是思维和存在的关系问题。’‘哲学家们依照他们如何回答这个问题而分成了两大阵营。凡是断定精神对自然界说来是本原的，从而归根到底以某种方式承认创世说的人……组成唯心主义阵营。凡是认为自然界是本原的，则属于唯物主义的各种流派。”

张先生认为，唯物主义与唯心主义的区别是关于精神与物质何者为本原的问题。“思维和存在的关系问题”是现实世界可知不可知的问题，不是唯物主义与唯心主义的问题。认为现实世界是可知的，有唯物主义者，也有唯心主义者，如黑格尔是唯心主义者，他也承认现实世界是可知的。认为现实世界不可知，肯定是唯心主义者，如休谟和康德。关于思维和存在有没有同一性问题，1958年还有一次大争论。1951年，毛泽东的《矛盾论》公开发表。1955年，苏联的罗森塔尔与尤金合编的《简明哲学辞典》对毛泽东《矛盾论》中关于“矛盾同一性”问题提出异议，隐约地批评毛泽东“滥用黑格尔的术语”。1958年，毛泽东明确提出“思维和存在有同一性”的命题。1958年夏，陈伯达还让杨献珍写了一篇文章驳斥《简明哲学辞典》。

杨献珍写了《略论两种范畴的“同一性”》的文章：一个是黑格尔的“思维和存在的同一性”的概念，这个命题认为思维就是存在，存在就是思维，二者是同一个东西，这个概念属于唯心主义范畴；另一个是毛泽东的“思维和存在有同一性”，这种同一性是矛盾着的事物相互转化的桥梁，矛盾的双方在一定条件下有同一性。有人认为杨献珍的提法是反毛泽东思想，是反对毛泽东关于主观能动性的思想。杨献珍说：“思想有粮就有粮，思想有钢就有钢”，说这样话的人，可能不知道“思维和存在的同一性”这样的唯心主义命题，但这种话在精神上与“思维和存在的同一性”有相似之处。

针对上述张先生的观点，笔者有两点不同看法：第一点是西方哲学发展到马恩时代，大体经过了三个时期：古希腊、古罗马时期（本质论时期）、中世纪时期（宗教神学统治时期）、近代资本主义时期（认识论时期）。马恩当然还包括从笛卡尔、培根到康德、费希特、黑格尔这些哲学家都是在这一时期涌现出来的。本质论时期，哲学的基本问题是形而上学与物理学或自然哲学的关系，实际就是思维与存在的关系，像伊奥尼亚派的学者们基本属于唯物主义，而希腊化的意大利智者们则属于形而上学即唯心主义。中世纪的唯名论与唯实论，前者认为物质存在是第一位的，后者则认为思维、精神实际就是“上帝”是第一位的，“上帝”创造了世界。所以，人们把唯名论归入具有唯物主义倾向的流派，而唯实论干脆就属于唯心主义阵营。西方的近代资本主义时期，经过了文艺复兴、宗教改革、启蒙运动等运动后，西方哲学界关注的是认识论问题，思维与存在、精神与自然界的关系何者是本原只是人们争论的一个方面，另一个方面就是“我们关于我们周围世界的思想对这个世界本身的关系是怎样的？我们的思维能不能认识现实世界？我们能不能在我们关于现实世界的表象和概念中正确地反映现实？用哲学的语言来说，这个问题叫做思维和存在的同一性问题”（《马克思恩格斯选集》第4卷，第221页）。恩格斯讲得很清楚，本原和同一性实际是一个“重大的基本问题”的两个方面。

第二点是，1958年的讨论，笔者认为不会有结果。因为从一开始，争论的双方便陷入了思维和存在、精神和自然界对立的立场上。而且这个问题在中国人的思想中本不成问题，理由有二：一是中国人不会承认思维与存在是截然分开的两件事物；二是中国人谈心物关系是认为心与物是一体流通的，因此不存在精神与自然界的分立。也就是说，中国人只谈自然，不讲自然界，更不会讲自然界之外的精神。

应该说，这样的讨论在西方是有价值的，但在中国没有什么价值。笔者不赞成西方人这种“分且隔”的认识论，更不赞成用这种方法套用在中国人“合且通”“一心统摄”的精神活动中。笔者认为，生硬地用西方哲学的两大阵营论作为原则分裂中国人的思想，致使中华文化遭受了创伤。

4.《心论集》第 63 页

笔者在此处说:"德国学者雅斯贝斯曾将春秋战国时代说成是中国文明的'轴心时代'。"

张先生认为不是中国文明的"轴心时代",而是世界文明的"轴心时代"。因为雅斯贝斯认为,全世界范围之内,几乎在同一时期(前 800—前 200)发生了一些最不平常的事件和思想锋芒,称之为"轴心时代"。

这里有两点笔者想说明一下:一是笔者的初衷是不太赞成用"轴心时代"这个概念的,但又找不到准确、恰切的词来,所以暂且借用一下,的确不够严谨。二是笔者的意思并不是说世界的轴心时代在中国的春秋战国时代,而是说雅斯贝斯将世界的"轴心时代"在中国发生的时代定为春秋战国。后来笔者曾借用这个概念将炎黄时代说成是中国的第一个"轴心时代",春秋战国是第二个"轴心时代"。第一个"轴心时代"创生了中华民族精神的胚胎,即中华文化之核心;第二个"轴心时代",中华文化独立地成长为一个生机整体。所以,笔者这里所说的"轴心时代"根本不是雅斯贝斯所说的"轴心时代"的概念,而是指中华文化创生、发展的两大关键时代。

为了将这个概念的出处弄清楚,笔者将雅斯贝斯在《智慧之路》一书中的有关论述摘录如下:

> 第三阶段,以公元前 500 年为中心,约在前 800 年至前 200 年之间,人类精神的基础,同时独立地奠定于中国、印度、波斯、巴勒斯坦和希腊。今天,人类

仍然依托于这些基础。

发生于公元前800年至公元前200年间的这种精神的历程似乎构成了这样一个轴心。正是在那个时代才形成了我们与之共同生活的“人”。我们就把这个时期称作“轴心时代”吧。非凡的事件都集中发生在这个时期。中国出现了孔夫子和老子,中国哲学的全部流派都产生于此,接着是墨子、庄子和诸子百家。……

5.《心论集》第126页

笔者在此页中说:“中国传统治国方略之基始——礼制。”

张先生认为,“基始”最好用为“始基”。希腊科学之父泰勒士用语“始基”,最好不要改变。笔者用“基始”一词是想说明礼制之前已有“基”,即礼俗,但作为治国方略,礼制为“始”,所以用词“基始”,与泰勒士的用语“始基”无关。

6.《心论集》第142页

笔者在此处说:“(释迦牟尼)——接过婆罗门教的此界、彼界、阴界或此世、天堂、地狱三界说。”

张先生指出,佛教对“三界”的认识是指世界结构,将世界分为佛国世界和世俗世界。世俗世界又分为三界:欲界、色界、无色界。欲界有22个区域可住,色界有17个区域可住,无色界有4个区域可住。各界的精神状态是不一样的,欲界:有物质欲及爱欲;色界:有物质欲但无爱欲;无色界:没有物质欲也没有爱欲。此界(此世)、彼界(天堂)、阴界(地狱)是指三生(三世)。此界,是今生;彼界,是来生;阴界,是前生。

张先生关于佛教的论述补充了笔者对佛教的一知半解。笔者只是在学习宋明道学时对中国佛学粗粗了解了一些,感觉到印度佛教转变为中国佛教,颇有些像西方宗教改革时马丁·路德以“因信称义”取替偶像崇拜,中国人是把彼岸佛植入人心,从而开了印度佛向中国“人本佛—人世佛—人间佛”的转化。不过,佛教在中国发生的这一转变要早于西方宗教改革几百年之久。

7.《心论集》第146页

张先生认为此处的“真如”“如来”等是用比喻法说明,所以就用“如”“如如”“真如”。

张先生又指出:“语言与表意之间的关系,曾在魏晋时期形成‘言意之辨’,奥地利哲学家维特根斯坦很苦恼地说:‘我们正在与语言搏斗,我们已卷入了与语言的搏斗中。’不仅言意不一致,名与实也不会永远一致,‘实’是变化的,而‘名’是固定的,自古以来哲学家们就有‘名实之辩’,孔子是‘正名’,墨家是‘以名举实’,荀子是‘约定俗成谓之实名’,公孙龙是‘名,实谓也’,庄子是‘名者,实之宾也’。瑞士语言学家索绪尔认为‘能指(名)和所指(实)之间不存在必然关系,名称是人创造出来的代码’。言意不一,名实不一,那么翻译‘言’与‘名’的译文就只能用隐喻的‘如’了。”

张先生所言极是！笔者在写这篇文章时也曾参考过一些文献，如《比较宗教学》（中国文化书院1987年印刷）、《宗教的奥秘》（河南人民出版社1989年版）等，这些书也都是一家之言。笔者撰写《心论集》及《心论集（续）》，较重视对传统思想体系的思考以及中西方思想整体的比较，并未在具体概念上作详尽的训诂考据工作。在这方面，张先生的指点很重要。有三点笔者再提出来，请教张先生：

第一，中西（含梵语）语言结构不同，表明其思想活动有别，名实概念之内涵与外延亦有差别，双方思想家在思考、思辨名实关系时应有较小交集。因此，以汉语言翻译西方哲学思想（包括印度佛教思想）将有较大转变，即使以直译手法，只要是用上汉字，就会发生意义上的改变，况且采用意译的手法就更难做到信、达、雅了。由西文译成中文如此，由中文译成西文就更难为西人所理解了，特别是涉及观念形态的文化，对西方人来说，简直就是一头雾水，不是误解就是偏见，这和名实之辩应该搭不上界。

第二，引进外来文化，目的是要丰富中华文化，为中华民族服务。离开这一点，就是装洋相、摆洋谱，很快就会失去生命力。所以，我们看到在印佛文化中国化的过程中，出现了一些很自然的现象：凡追求原汁原味的佛学典籍，如法相宗，其生存很短便衰落了，反之天台宗、禅宗等则大行其道；凡脱离中国人精神生活实践特点的宗教活动也是缺乏生命力的，很难为大众所接受，如神秀派之衰与慧能派之兴。综上而言，笔者认为，有些学者说古代中国学者运用某些方法创造出一些为中华大众所易接受、不难理解的名词来为外来文化的传播和普及服务，以成就中国化之果还是有一定道理的，只要不影响整体思想结构。笔者非常赞赏陆九渊的“优游阅读法”。“皓首读经”“埋头考训”固然可敬，但人生有限，故不可取。

第三，《心论集(续)》第127、185页中，笔者称：“中国传统文化就是华夏文化与周边少数民族文化融合而成的。”“夏文化像一个巨大的喷泉向四方涌漫，逐渐与其他文化合流、整合。经过商周两代的演进，创生了华夏族和以礼乐合一为本的华夏文化。”

张先生问“夏文化”与“华夏文化”为什么不是一个概念？鲁迅先生的小说《药》中说华、夏两家是中国的象征，那么，“上古是不是有一个华族，有一个夏族呢？一般的解释是‘华夏’即‘诸夏’，是汉族所居之中原。这种解释，华夏又是地区的名称了。到底是地名呢，还是族名呢？如果是族名，是一个族呢，还是两个族？”

这个问题既大且复杂，笔者一时难以解释清楚，只是把当时的想法大略说一下。于省吾先生在《释中国》一文中的解释对笔者影响较大。于先生说：“古代的中国也称作华夏。《国语·鲁语》：‘以德荣为国华。’韦注：‘华，荣华也。’《书·尧典》：‘蛮夷猾夏。’伪传：‘夏，华夏也。’《尔雅·释诂》：‘夏，大也。’《荀子·儒效》：‘居夏而夏。’杨注：‘夏，中夏也。中国有文章光华礼义之大。’《左传》

定十年：‘裔不谋夏，夷不乱华。’孔疏：‘中国有礼义之大，故称夏，有服章之美，故谓之华。’”

从于先生索引上述诸句，笔者梳理出以下几点：第一，华夏之谓始于有夏；第二，华夏既有族义，也有地义，还有文化义；第三，有夏经殷商至西周，华夏称谓乃其时、其地、其人、其文之合称也。

商、周的前身被称为商族、周族，建朝立代之后，都自认是华夏族，以至于今天，全体中国人还自称是华夏儿女。

笔者认为，近现代以来，中华民族的主权观念与西方民族的不同，不仅含领土领海领空之权，还包含有民族及其政治、经济、文化独立自主发展的权利。这与中华民族文化传统是一脉相传的，是完全主权论或曰无限主权论，与西方所谓有限主权论是完全不同的。

8.《心论集（续）》第 186 页

笔者在此处说：“……经由氏族封建制国家、宗族封建制国家、官僚封建制国家，演进到……”

张先生认为，如果将“氏族”理解为氏族社会的话，那时还没有“国家”。

笔者以为，按照西方历史学的说法，“国家”乃阶级斗争不可调和的产物，原始共产社会还没有阶级，当然不会有国家。但作为中国的历史，笔者认为不是这样。根据最近考古出土的文物来看，中国在距今五千年前就有了“城”，居住在城里的人群以何种家庭形式生活，因为没有文字资料，故无从查考，但是城有大有小，还有围墙，城外应是田野。于省吾先生在《释中国》一文中说:“中国之国,周代金文早期作或,后期孳乳为国。又古文字的或、国、邑三个字的构形有着密切的联系,故《说文》既训或与国为邦,又训邑为国。”“《左传》桓十一年:‘以御四邑。’杜注:‘邑亦国也。’又庄二十八年:‘凡邑有宗庙先君之主曰都,无曰邑。’按甲骨文屡见‘大邑商’之称,商代乃‘城邦制’,故以‘大邑商’代表商国。”

由上述引文,笔者演绎出以下五点:

(1)由最近的考古发现,中国筑城历史应在距今五千年的炎黄时代,中华文化始于斯。

(2)炎黄以前,中国可能处在母系氏族社会向父系氏族社会过渡的阶段,有姓无氏,炎帝族为姜姓,黄帝族为姬姓;随着炎黄和合,父系占了主导,出现了氏,中国有姓、氏之分,直至春秋战国时代姓氏合一,这大概经过了将近两千年的以氏为主、姓氏并存的过程。

(3)较大的氏族聚落都有城,称为或、国、邑,是一个四边有围墙的城池。到了尧、舜、禹时代,应是三个较大部落的首领实行禅让制,这是氏族一统封建制国家的治理形态。笔者认为在尧、舜、禹时代,除了这三个较大的部落以外,还有更多较小的部落、村落,分布在这样的国家中生存、发展。

(4)父系氏族部落之间的发展是不平衡的,当某一个部族拥有的地域更大、人口更多、实力更为强大时,原来实行的禅让制逐渐演变为宗族一统国家便是自然的了,族外的让贤制度就会变为族内的世卿世禄制度,即宗法一统封建制国家。经过夏商两代的渐变过程,到了西周,这一制度得以完善。秦始皇的伟大贡献,是以地域为纽带的郡县制取代以血缘为纽带的分封制,是以家族内的皇位世袭制度取代宗法制度下的世卿世禄制度,是以封土建政取代封土建侯,是以等级官僚制取代等级贵族制,血缘宗法制度嬗变为宗法伦理道德。笔者认为,除了统一文字、统一度量衡等重大贡献之外,上述这些也应是秦始皇的伟大之处!

(5)笔者并不认为中国曾经有过西欧在工具变革而发生生产力革命的基础上出现的社会分工现象,并由此而发生以财产多寡为标志并在法律上固定下来的阶级划分,也没有过通过突变式革命而划分社会发展阶段的历史。中国有的是以家庭形式的演变为推动力渐进发展演变的历史,其发展演变历程已如前述。所以,用西方五种社会历史形态来套中国历史是说不通的。

9.《心论集(续)》第 187 页

笔者在此处说:"中西两大社会……它们各自的文化基质具有鲜明的本土特征和互补性质。因此,在中国文化机体内不可能孕育、生长出西方式的自然科学和近代的工业革命……"

这里存在着一个关于"李约瑟难题"的命题,其主旨是:尽管中国古代对人类科技发展做出了很多重要贡献,但为什么科学工业革命没有在近代的中国发生?而张先生对李约瑟难题的回答是:中国的科举考试内容“四书”“五经”限制了人们(儒生)对自然科学的研究。特别是“四书”,根本就无自然科学研究之内容。选拔官员的考试内容决定着人们关心“格致”的内容。

关于李约瑟难题,上述观点并非鲜见,但看法与笔者的相左,笔者是从文化有机整体观的视角阐述的。从中华文化整体中抽出某一部分来说明这一复杂的历史现象,笔者不敢苟同。不过,对此问题的认识解释见仁见智,仍可存疑。

10.《心论集(续)》第188页

笔者在此处说:“中国先民较早过上了以家庭为本位的农耕生活……他们‘仰则观象于天,俯则观法于地,观鸟兽之文与地之宜,近取诸身,远取诸物……”

张先生认为,神话传说人类始祖庖牺(伏羲)时尚无“家庭”,因而不可能有“以家庭为本位的农耕生活”。家庭是在偶婚制出现之后才有的,伏羲时代肯定是群婚制。

张先生此论断值得商榷。笔者并不认为人类曾有过群婚制,伏羲时代可能处在母系氏族时代或可说通,说“肯定是群婚制”,证据何在?

11.《心论集(续)》第191页

笔者在此处说:“……先是以自然范畴来理解普遍,如水、空气等等(泰勒斯的‘水是原则’),后来扬弃了这种单纯而直接的自然范畴,代之以‘数’这种非感性的感性事物。”

张先生说:“扬弃,应该是包括‘扬’和‘弃’两个方面,而不是一个方面。扬,是保留旧事物中积极的质,并将其发展到新阶段;弃,是抛弃旧事物中消极的质。从构词法看,是相反语素构成的合成词。”

笔者颇为赞成“扬弃”一词“是相反语素构成的合成词”的意见。扬弃一词,黑格尔用得较多,这也是德语乃非常哲学化语言的标志之一。兹把黑格尔在《哲学史讲演录》中的原话录于下:“在这种哲学里,可以发现并显示出一个发展过程。最初的完全抽象的规定,是泰勒士和其他伊奥尼亚学者所作的;他们曾经以自然范畴的形式,以水、空气来理解普遍。以后的发展必须是扬弃这种单纯而直接的自然范畴。我们在毕泰戈拉派里便遇到这种扬弃,他们说‘数’是本体,是事物的本质。数不是感性的东西,也不是纯粹的思想,——而是一种非感性的感性事物。”张先生指出的那段话是笔者理解黑格尔上述这段话说出的。从黑格尔的话中,笔者认为,以“数”扬弃“水”,弃的或曰否定的是“水”这种单纯而直接的自然范畴,扬的或曰肯定的是“水”这种实有。

二、2013 年 4 月的交流

1. 关于群婚制的问题

马克思和恩格斯对摩尔根的《古代社会》都很重视,认为摩尔根正是运用了唯物主义历史观才写出了《古代社会》这部著作。马克思后来还专门撰写了《摩尔根〈古代社会〉一书摘要》。马克思去世后,恩格斯在撰写《家庭、私有制和国家的起源》一书中说过,他写此书参考了摩尔根的书,是为了完成马克思生前的愿望,他在此书的开头写道:"摩尔根是第一个具有专门知识而想给人类的史前史建立一个确定的系统的人。"(《马克思恩格斯选集》第4卷,第17页)

上述可见,摩尔根、马克思、恩格斯都认为古代社会存在着"群婚制"。但是,笔者不认同这一观点。或者更确切地说,笔者不认同在史前中国存在着"群婚制"。笔者提出了"无序婚"的观点。无序婚主要表现为还没有辈分的观念,就是"礼"形成前的种族内婚姻状态。我们看到,居住在不同地域的人们之间存在着通婚现象,特别是以游牧为主的人群与以农耕为主的人群之间通婚会生产出较强壮的后代,这在中国北方尤其明显。这就为种族外婚姻打开了大门,因此,杂婚或对偶婚应是向父权社会过渡的暂时婚姻形态,如果在中国上古存在过这样的婚姻形式的话。

复旦大学教授葛兆光在其《中国思想史》中指出:"……一种乐观主义的、普遍主义的人类历史观念正笼罩着所有来自西方的研究者,他们普遍持有这种'人类出于同源'的自信,也普遍持有这种'历史存在规律'的信念,他们不相信空间的差异会构成文化差异,却认为文化的不同只是历史时间的不同。现在看来,在这种自信的观念背后当然潜含着西方中心主义,但是在那个时代,这似乎是不言而喻的。”（葛兆光《中国思想史》第 1 卷，第 10 页）此言甚是！在中国，早在距今七八千年前就已经向父权社会演进了；在无文字的时代，我们的祖先就已经画象制卦以明礼了。后来在语言交流的基础上，又渐渐发明了文字，所以中华民族开化的历史并不比埃及、巴比伦、印度晚。我们从出土的彩陶文化、黑陶文化的考古资料以及近年来出土的古城市遗址中可以得到佐证。因此，我们的祖先应该很早就过上了以家庭为本位的长期稳定、周而复始的农耕生活，这对先人积累生活、生产经验以及心智较早开化大有裨益。而当时，黄河流域正好介于农耕文化与游牧文化的交汇带上，两大异质文化的长期交往，两大不同种族的通婚、产品交流以及武力冲突更促进了两大文化的交融。中国先民早就有了“宙轮于宇”的宇宙观念，人类的开化不仅受着时间的制约，也受着空间的制约，而且历时性的发展必然离不开现实性空间交流的推动。其实，从时空角度看人类历史的演化，笔者倒更认为人类古代社会的婚姻家庭形式是由无序婚时代（流动迁移时期）到有序婚时代（定居以后的时期）的过渡，其起始点大概是在距今二万年至一万年之间的小冰河后期。无序婚时代因其没有一个稳固的地域和家庭，其婚姻形式可能存在杂婚、对偶婚等多种形式，其后期应以母系氏族婚姻为主。当人类定居在不同地域以后，虽然还会存在母系血缘婚姻，但逐渐过渡到了父系婚姻为主的时代，这应该就是中国仰韶文化前后和伏羲氏传说的时代。

2.《心论集》第 132 ~ 196 页

此处有5篇《异体化生论》。张先生发生疑问:“异体化生”是否“异化”? 笔者的本意不是“异化”。笔者当时寄给张岱年先生和庞朴先生文稿的题目是《西体中化论刍议》,两位老先生分别回了信并提出同样的问题,认为此题目似需斟酌。后来笔者就改成现在的题目了,意为论述两大不同质的原创型文化体接触、碰撞后产生的文化融合的现象和规律。详情请参阅张岱年、庞朴二位先生的回信,分别见《心论集(续)》第409、406 页。

3.《心论集》第 171 页

德国古典哲学的代表人物康德提出了感性、知性和理性的三段论。而他提出的“先验构架”这一概念就是为了解决感性经验上升为知性概念的难题,他认为“先验构架”来自一种先验的“创造的想象力”的综合活动。而笔者认为,中国人所重视的“悟”就是“创造的想象力”的综合活动,悟、思、虑、行一体流通,所以不需“构架”这一中介。在科学研究中,西方人还有假设、猜想等,都是他们“创造的想象力”的产物。张先生是否认同笔者的观点呢?

4.《心论集》第 172 页

笔者在此处说:“格物致知……‘格’应是对实践的整体观照、把握,即直观。”如果说得再确切一些,格物就是“主客合一”,与清颜元之“手格猛兽”之训和毛泽东的“吃梨子”的比喻无异。张先生认为颜元和毛泽东主张“行先知后”说,笔者不能同意。“手格猛兽”也好,“吃梨子”也好，强调的都是主客合一，与“行先知后”无关。如果“行先知后”成立，那么，势必会造成“行之时无知，知之时无行”的刹那有隔。

5.《心论集(续)》第32页

此页有“宋明道学主要分为理学与心学”句。而张先生关于道学因对“太极”的理解不同而分为三派之说，即气学、理学、心学三派，笔者非常赞成。之所以笔者未将气学单列出来，是因为张载是讲气之理的，是程朱理学来源之一。张载的“太虚”“气”“万物”诸范畴，与周敦颐之“无极”“太极”“万物”等范畴应该是一致的。只是张先生所谓“‘道学’是以种概念代替了属概念”之说，如果非要用西方形式逻辑的概念划分法，笔者认为则似是“以类概念代替了种概念”。先秦道学、两汉道学、隋唐道学、宋明道学都是种概念，在宋明道学这个种概念下又分为气学、理学、心学三个属概念。“道学”与西方的“哲学”概念是同一层次的概念，都是类概念。

6.《心论集(续)》第358页

此页提到了“无极而太极”的观点。“无极而太极”本为周敦颐言。当时此观点亦有两个说法，即“无极而太极”与“自无极而太极”。朱熹主张前者，笔者亦赞成。

张先生所谓“无极是太极的定语”，从而得出“太极是宇宙万物之本原”的说法，笔者不能同意。笔者认为无极而太极，在思想逻辑上说无极在先，太极在后，这是在论何者为本的问题，就是以无极为本；若说“无极的太极”似不通。有人说张载主“气本说”,但是他又说“太虚”,似在气先,讲的还是以无为本。但太虚也好,气也好,无极也好,太极也好,理也好,物也好,心也好,物也好,其时空性上是没有先后的,是一体之两面,一而二、二而一的。而以太极为本,就跑到西方哲学那里去了。西方哲学的开头是“有”(如泰勒士的“水是原则”),“无”是“有”的一个规定,离开“有”谈“无”,西方人认为是荒谬的,黑格尔就作如是观,体现在《哲学史讲演录》第1卷中。为了说明这个问题,笔者兹录王弼的话如下:“圣人体‘无’,‘无’又不可以训,故不说也。老子是‘有’者也,故恒言‘无’所不足。”

张载从“气”切入以说“理”,是“气”也者,故恒言“理”所不足。

汤一介先生曾说:“从魏晋玄学说,王弼的‘本无’思想是继承了老子的学说,在他的哲学体系中‘无’这一概念和‘道’或‘理’是同一的,‘夫大之极也,其唯道乎!……虽贵以无为用,不能舍无以为体也。’‘物无妄然,必由其理’,所以王弼的‘无’不是说‘虚空’或‘不存在’而是指事物的本体。”“玄学家王弼等也讲‘本无’,意思是说万物‘以无为本’,所有的事物都以‘无’为本体。”(汤一介《论中国传统哲学范畴体系的诸问题》)

而我们对宋明道学诸派的“无极”“太极”“太虚”“气”“理”“心”“物”之间的关系也应作如是观。笔者以为,若从关系本位看待这些范畴就会好理解一些,用西方哲学的实体本位来看就很难理解了。

7.《心论集》第 85 ~ 86 页

张先生的观点与笔者相一致。这里,笔者想再补充说明。如前述,西方人自古希腊开始就提出水、火、原子与虚无、土、空气等作为宇宙的本原。总之,必以“有”为开端。他们的微观宇宙结构图如下图左端所示。而中国人关于宇宙空间的结构图如下图右端所示。

笔者将两图放在一起,可以窥视中西两大民族思想活动的不同:西方人以实体为本位,其对大小宇宙的设想就是:“实体 + 虚无”的模式;中国人是以关系为本位,整体为“一”,生而为二:阴与阳的模式,且阳中有阴,阴中有阳。前者无心统摄,分且隔;后者有心统摄,合且通。

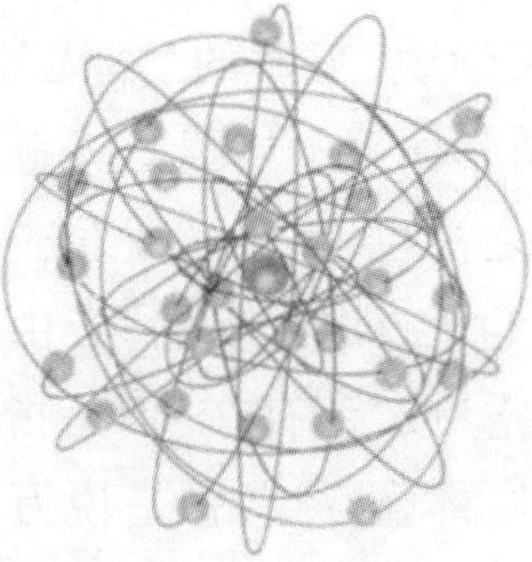

卢瑟福的原子结构图
(西方人的宏观宇宙结构图的思路与此相仿)

陈抟的无极图
(中国人的宏观宇宙结构图的思路与此相仿)

8.《心论集(续)》第 216 页

此处有关于朱熹、陆九渊“太极”“无极”之争。朱熹训“太极”为“至极”，把“理”之总汇称为“太极”，曾说：“太极者何？即两仪四象八卦之理，具于三者之先而蕴于三者之内者也。圣人之意，正以其究竟至极，无名可名，故特谓之太极。”

笔者深以为然。但于“无极而太极”解释为无极是太极的形容词，笔者认为不妥；而陆九渊训“太极”为“中”，言“无极”犹言“无中”，笔者也不赞成。笔者倒很赞成侯外庐等学者的观点，即“朱、陆在这里的争论实际上没有什么重要的理论意义”。笔者认为，王弼关于“以无为本”的观点已经解决了这个问题。所谓“无极”“太极”之关系，就是“无”与“有”的关系，“无极”为体，“无极”之用即“太极”，体用不二，无极、太极不二。

9.《心论集（续）》第221页

关于格致之学与致格之学何者类似于康德的纯粹理性与实践理性，似可存疑。笔者认为格致之学是通过格物而明天理，像手格猛兽而知兽之性，亲口吃梨而知梨之味，这与实践出真知似可相合，而康德的理论理性正是研究感性经验如何上升为知性概念的，虽纯为概念游戏，但与格致学之理路有些类似。康德讲实践理性与王阳明说的致良知也有类似，讲的都是永恒不变的道德律令问题，区别似在康德的“绝对命令”来自对“上帝”的信仰，而王阳明的“良知”则来自本心（本心即道心、天心）。如果说康德所谓“是永远达不到任何现实的东西”，强调其彼岸性，那么，王阳明说的却是与现实紧密相关的东西，因为人心不被遮蔽就是良知显现、本心昭然,这是此岸的东西。

张先生关于“理性是以超现象的‘自在之物’作为认识对象的能力”的说法,康德在《纯粹理性批判》中指出理性在三个东西面前遇到了麻烦,即“上帝”、自在之物(或称“物自体”)和自由,他是放在《实践理性批判》一书中来论述的。

笔者赞成张先生“可见,康德的‘实践理性’‘纯粹理性’与理学、心学相距甚远”之说,所以才用了一个“不太恰当的”界定语。所谓“格致之学”不离“格物”,与“理论理性”强调认识不能脱离经验在理路上相似;而“致格之学”强调顿悟以“发明本心”,并以本心之良知格事事物物,似与“实践理性”的道德原则必须脱离经验的理路相仿。虽如此说,但是无论理论理性,还是实践理性,康德都把它们归为“纯粹理性”范畴,有如古希腊之“Ontology”,这于理学、心学最终走向人们的道德实践是大相径庭的,与王阳明所说的“体究践履,实地用功”不同。康德讲的纯粹理性类似于概念游戏,达不到现实的层面,与人类生活实践脱节,仍是西方人“分且隔”的思维模式;宋明道学却是紧贴现实的鲜活的生命活动,是“心统性情”的道德实践活动。

三、2013 年 6 月的交流

1.《心论集(续)》第 380 页

2007 年,华东师范大学出版社出版的由印度学者阿特里雅著、杨国宾翻译的《印度因明学纲要》一书说："印度因明学(逻辑学)是古典逻辑学的一个重要分支,其独特的理论有别于希腊逻辑学(亚里士多德)、中国逻辑学(墨子名学)等。本书论述印度古典逻辑学的基本要义,其篇幅短小,论述则精当,把印度逻辑哲学方面的思想收集无余。其主要内容包括:1. 知识;2. 知识的来源;3. 感觉量;4. 推理量;5. 圣教量……7. 因果;8. 确定因果关系的方法;9. 真确原因的要件;10. 非正确知识;11. 谬误推理;12. 观点说与或然说。"笔者将此段话摘录于此,请张先生参考。

2.《心论集(续)》第 380 页

张先生说"上帝"是基督教、新教所指的"至高至尊的主宰",是造物之神,而涅槃、心是境界,文脉不一。笔者认为,"上帝"这个概念经历过表象化和伦理化的过程,即柏拉图的理念转化为中世纪基督教(主要是天主教、正教)表象性的"上帝",宗教改革运动中马丁·路德打倒了"上帝"的偶像,以"因信称义"将上帝回归人的精神,黑格尔的"绝对精神"实际就是"上帝"的别称,这应该是西方人追求的精神境界。从这个角度来看,"上帝"、涅槃、心有其契合处。19 世纪末 20 世纪初,尼采宣布"上帝死了",实际是对近代西方理性精神的反动。

3.《心论集(续)》第 384 页

关于"中国不是马克思主义化了;反之,马克思主义中国化了"的说法,笔者讲的是结果而不是过程。若讲过程,诚如张先生所说,是非常复杂的,但在这些纷繁复杂的现象过程中有一条主宰的红线,就是救亡图强。而在现在社会主义建设阶段,必须坚持走中国特色道路,立足于本民族优秀文化,从而为各方面的建设服务。

4.《心论集(续)》第234页

关于张载《西铭》中"为天地立心,为生民立命,为往圣继绝学,为万世开太平"著名话语的诠释,笔者非常赞同张先生的意见。在此,笔者还想补充的是:

第一,"为天地立心",包含"立人"的意思。天地生生亿万斯年,创生了可与宇宙相通的"人",从而宇宙有了"心"。心者,非是有一物曰"心",而是宇宙生命高度统一之谓也。西方思想中无类此"人"之概念,若说社会学意义上的"人",即"MAN",用"男人"这个词代替;而生物学意义上的"人"则是"HUMANO"。它们是分而论之的。而中国思想中的"人"是人性意义上的,即伦理道德意义上的,这个人秉天地万物之性之全,即人是宇宙高度统一之存在,故人为天地之心。如此理解,则"心者,天地万物之主也"也好理解了。天地万物之心——人,即心者、人之主宰,天人合一实际是天心、人心不二。

第二,"为生民立命"即为百姓苍生安身立命。笔者以为,"安身"者,即衣食足、居行安也;"立命"者,性命双修、精神寄托也。合而言之,即"心统性情也"。

这四句话是一个有机的整体,笔者认为是讲给统治者的:为天地立心,是说天下定于一,一心主宰,统治者要修内圣之心;为生民立命,是说以民为本,行外王之道,政通人和，国泰民安；为往圣继绝学，是说承继道统，延续文脉，建设精神家园，传播后世子孙；为万世开太平，是说行上述举措以开万世永续之大同和谐社会。张先生认为，当代知识分子既是社会之中坚，又是社会之良知，应以上述四句为使命。笔者认为非常正确。

5.《心论集(续)》第351页

笔者非常赞成张先生关于将"万有"改为"万物"的意见。其实，"万有"取自先贤原文，为尊重起见，引用过来，而其他地方笔者都用"万物"，与传统用法一致。但张先生关于"'有'和'无'都是老子说的道，是万物之本原"一说，似可商榷。从时空角度来讲，无与有并无先后，二者相即相随，一之为道，二之生变。但老子说"万物生于有，有生于无"是以无为本的，这是从认识逻辑上说的。王弼说得好："圣人体'无'，'无'又不可以训，故不说也。老子是'有'者也，故恒言'无'所不足。"

6.《心论集(续)》第286~287页

"花树论"是在中国哲学思想界早已判定王阳明心学为主观唯心主义学说的根据之一，而程朱的"性即理"思想则是客观唯心主义。但笔者认为，如此评判宋明道学是乱中华道学。笔者举例"花树论"是为了证明阳明先生的"心即理"与主观唯心主义是根本不相同的。张先生关于"花树论"是对"心即理"的形象描述，笔者很赞同；说阳明先生心学受到法性宗的影响，笔者亦赞同。但心学与法性宗的最大区别在于，心学之心非空，而具致良知之能；

"法性理体"转变为"心性理体",彼岸的佛心转变为此岸的人心,佛教徒的修行转变为人们的实践。诚如阳明先生说"体究践履,实地用功",与佛教空谈法性不可同日而语。

7.《心论集(续)》第278页

张先生问老子的"无"是不是康德的"自在之物"(物自体)?笔者认为,答案应是否定的。西方哲学自古希腊始,从不承认"无",认为"无"是荒谬的,它只存在于人的逻辑思维中,作为"有"的一个环节。在思辨逻辑中,没有任何规定的"有"就是"无",即没有任何规定的"纯有","有"与"无"的辩证统一是"变化",其逻辑的结果是"实有","实有"是有了无的规定性的"有"。亚里士多德形式逻辑的第一范畴就是"实有"或曰"实体",而黑格尔的《逻辑学》是从"有"或"纯有"开始的,"有"与"无"都是逻辑的格,是思辨的产物。西方人认为,"有"中无"无","无"中无"有","无"是"有"的一个规定,是逻辑思辨的一个环节。所以,康德、黑格尔的"自在之物"(物自体)不是"无",而是"有",与老子的"无"更是不搭界。老子的"无"不是"纯无",其中有"有","有"也不是纯有,其中有"无"。这样的"无"和"有"就不全是逻辑认识的结果,而是对宇宙生生不息之道的体悟。至于恩格斯所说"自在之物"可以转化为"为我之物",讲的是认识论问题,是建立在主客两分前提下的,与老子建立在主客合一前提下的"天人合一""心物合一"的体悟是不同的。体悟是人所特有的“合且通”的“心统”精神活动，这样的精神活动是达到人与自然、人与社会、人与人、灵与肉的高度和谐，而西方人则是“分且隔”的思维论、认识论，能动的主体“心”或“精神”的活动是为了征服、利用宇宙实体以为己所用。

8.《心论集（续）》第362页

关于本能与本性，张先生问：“既然人类生命是从生物生命发展而来的，其本能就完全转化为本性了吗？一点也没保留吗？”笔者认为答案是“是的”。在此，笔者重点说明以下三点：

第一，人的生命是天地生生不息的最高产物，不仅有气有生有知亦且有义，所以它与天地万物相通，能格天地万物之理。人的生命的最大特征是高度统一，即有“心”主宰，这个“心”不是人身上的某个器官组织，而是人的高度统一的精神活动，所以张载说：“心统性情也。”

第二，“反思”“反省”是只有人类才有的心智活动。大猩猩或者黑猩猩的智力可能达到五六岁孩子的水平，但还是停留在刺激反应的阶段，所以不会再发展到人类心智活动的水平。对于生存和死亡，它们永远停留在本能阶段而不会把二者作为生命本体联系起来思考，而这种思考只有人类才有。

第三，西方人把人的生命也作为实体来对待，认为是由不同器官像机械一样组合起来的，解剖学就是以此为基础的；而人的灵魂呢？他们把人的心理分为两个层面：无意识和意识。前者即本能的层面，后者则是精神的层面。

本能是无意识的，精神活动是有意识的；如果把人的精神心理活动比喻为一座冰山，那么无意识的本能活动就是水下部分，而精神意识活动只是露出海面的部分。基于此，西方几乎所有的心理学或曰精神心理学都是从本能讲起的，弗洛伊德就是从所谓“力比多”即性本能讲起。他提出的人格结构由“本我—自我—超我”三部分构成。如何从无意识的本我进到有意识的自我，弗洛伊德又把本我无意识系统分为潜意识和前意识。前意识犹如门卫一样，潜意识中的各项本能孰可进到前意识系统，孰不可进，它说了算，没进入的潜意识本能受到压抑，出现各种心理问题。从自我到超我也有一个法官，是自我理想和道德良心。弗洛伊德认为无意识的本能冲动是人们心理意识的唯一动因。遍布西方社会的心理诊所无一例外都是以“本能论”为起点，在潜意识本能上把人看作与动物无别。

而中华文化把人看作集自然存在、社会历史存在和精神心理存在高度统一的活生生的生命本体，人在实践活动中，知、情、意是高度统一的。过去我们总认为意识是行动的总指挥，笔者以为不妥，应是人的全部精神生命活动的辩证统一，即心智活动才是总指挥。我们的意识指向什么，我们要思考什么，不是意识说了算，而是心智统一活动产生的指令通过大脑发出的。因此，中华文化是道本（或曰心本）文化，大而全，合且通，几千年来养成了民族健全的心智结构，这样的结构概言之是本性结构。中国人在以家庭为本位的现实生活中，生成一种真善合一的审美品位和自我调节、自我平衡的精神机制，老百姓可以过着稳定平和、自得其乐的日子，而士大夫们（含官吏）在自我圆融中追求着人生的现实价值和超越着价值。

9.《心论集》第34～35页

张先生问：关于《周易》中的四个字"元、亨、利、贞"，是否相当于古希腊的"物活论"？笔者以为答案是否定的，也不赞同中国的"天人合一"、印度的"梵我一如"是与其相通的观点。"物活论"认为"自然界所有物体都具有生命、精神活动"，这不合中国先哲对宇宙的看法。从宇宙生成论上说，"元"即开始之意，所谓"乾元资始"是也，与张先生所说"元是与道、太极（无极）相通的，三者名称不同，但内涵相同，都是指物（天地万物）之本原"义同。从宇宙本体论上说，中国先哲虽认宇宙生命本体，但非持天地万物皆有生命、精神活动之论，而是有层次的：水火有气，草木有生，禽兽有知，人有气、有生、有知、有义，他们共同构成了宇宙和而不同的生命本体。在人未创生前，宇宙已有向上奋进的生命冲动；在人诞生后，成就宇宙之心，才有了精神活动，宇宙生生活动由自在而成自觉状态。至于"天人合一"与印度"梵我一如"是否相通，笔者以为这是两回事。中国的天人合一是现实性的合一，像庄子所说的"天地与我并生，而万物与我为一"；而"梵我一如"是彼岸的大梵天与神我一如，是印度宗教追求的最高境界。

笔者赞成张先生所讲将"元"视作"生态场"不够准确的看法。使用这个来自西方自然科学的概念易造成混乱，因为作为物理学中的一个概念,其是有所特指的,还有“元质”“元能”等词,都会造成以物理学的概念说明中国道学思想的误导。笔者以为还是用“乾元”“坤阴”或“元阳”“元阴”为好。“易有太极,是生两仪(阴阳)”才是中国易学(或道学)的思想。

10.《心论集(续)》第274页

中外哲人都注意到了宇宙万物量的规定,但说“数是一切事物的本质”正是毕达哥拉斯哲学思想的特点。黑格尔说,古希腊哲学主要是由爱琴海东部诸岛和小亚细亚的伊奥尼亚学派与意大利的埃利亚学派两部分组合而成。伊奥尼亚学派中的泰勒士最早提出“水是原则”的命题,随后也有人用空气、火、土等来理解普遍;而在意大利各家学派那里,思想的世界还有待建立。黑格尔说:“以后的发展必须是扬弃这种单纯而直接的自然范畴。”毕达哥拉斯出现了,并用“数”这种非感性的感性事物扬弃了它们。由此爱利亚学派如塞诺芬尼、巴门尼德等才出现了纯粹的思想和思维的辩证运动;而第一个来到雅典的哲学家阿那克萨戈拉则综合了伊奥尼亚与埃利亚两派思想,使雅典成了这门学问的中心。

纯粹的思想一旦建立起来就要为感性的物质立法:没有任何规定的物质是“存在(ontology)”,存在与存在者是经验事实关系,受因果律支配;而没有任何规定的思想是“是(being)”,是与是者是思维逻辑关系。西方哲学由此走向了唯物主义和唯心主义两大阵营的对立斗争。

说到此，可以断言，毕达哥拉斯以数为一切事物本质的哲学与老子的《道德经》及《易经》、“象数学”等中国经典中的“数”没有可比性。中国传统经典中的“数”不是事物本质，而是天地生生活动律动的表现，是对宇宙生成说与宇宙生命本体一而二、二而一过程中非感性的感性事物（生命活动中的量化关系）的体悟，但若把一、二、三说成是气的数量，笔者认为不如说是指气在运行中气性变化的数量，不是有多少气，而是不同性之气，如阳气、阴气、和气等。所谓和气，应是阴阳二气相冲而成，成“三”；三生万物，是指天地万物皆“和气”，即负阴而抱阳之谓；所谓“和而不同”，是指天地万物因和气中阴阳二气之量比的不同而有性秉多少、厚薄之分，故有水火、草木、禽兽以至与天地相通、与万物合一的人之分别。

西方人关于“数”的概念并无生命意义，而是追索宇宙本原的工具。他们认为宇宙如此和谐，源于数量关系，于是从古希腊至今始终企图寻找到一个大而全的数学公式，可以说明宇宙所有的现象，但至今仍十分渺茫，可能永远也办不到。还是德国物理学家、量子论的发现者普朗克说得好：“科学不能解决自然界最终的谜团。这是因为在最后的分析中，我们自身也是这个待解之谜的一部分。”

11.《心论集（续）》第 403 页

孔子主张“民以君为心，君以民为体”，引自《礼记·缁衣》篇。郭店简本和上博简本也都有“子曰：‘民以君为心，君以民为体’”这两句话。

12.《心论集(续)》第359页

张先生以为,巴门尼德认为千变万化的世界只是“无”或“不存在”,主张只有“理性才能认识存在”,从而“认为西方哲学家跟中国哲学家一样,也分崇有和贵无两派”。笔者认为,这样说与把中国哲学家按照西方的唯物主义和唯心主义两大阵营或两条思想路线进行划分是一样的。举例说,魏晋道学划分为崇有派和贵无派,但崇有派并非否定“无”,贵无派也不否定“有”,而是有中有无,无中有有,所以崇有论与贵无论也是相通的。王弼贵无是“以无为本”,郭象崇有是以“玄冥”为前提。大抵中国学问皆是如此,天人合一、灵肉合一、心物合一、物理合一等是其特点。正是这“合”才有了“通”,而“合且通”即“心”,有心之体方能“合且通”。

笔者认为西方哲学是“唯有”的学问:只是唯心主义者以“心”唯有,而视物质世界为“心”之“影子”(柏拉图)或“感觉的复合”(贝克莱)或绝对精神的外化(黑格尔);唯物主义者则以“物”唯有,而视意识、思想、精神为“物”之功能、派生(费尔巴哈)或反映。唯物主义与唯心主义都认为“心”与“物”为“实体”或“实在”,二者可谓互不相容,对立斗争,相互否定。

13.《心论集(续)》第351页

关于“黑洞”的比喻,笔者试图说明“物质变精神,精神变物质”并非存在一个物质,还存在一个精神,人在实践中实现了二者的转变。物质为什么会变精神?精神为什么会变物质？关键是精神对物质的认知。这其实是主客两分前提下物质与精神、思维与存在之间的辩证关系。可是作为鲜活的人，每天都要消耗一定量的食物（物质），经过整个身体的能量转化，一部分被人的肉体活动消耗了（当然身体的活动也要受心的支配），还有一些是被“心”即精神活动（知、情、意等的总和）消耗了，转化为思想、意念、情志之类。这就是老子所说的：“人之生，皆由无而至有也；由无至有，必由有而返无也。”天地万物也无不如此：道生之，返于道。

14.《心论集（续）》第354页

关于“宇宙观”的问题，张先生所谓宗教宇宙观、科学宇宙观、哲学宇宙观的提法，似应商榷。在现代西方，哲学可分为三种：宗教哲学、科学哲学、人本哲学。这三种哲学派别有一个共同特点：就是宇宙有限论。因了宇宙有限论，才有了神创论（宗教哲学）；因了宇宙有限实体论，才有了现象论（科学哲学）；因了灵肉两分论，才有了世界人创论（唯意志论、生命哲学、存在主义）。中国传统百家思想对宇宙各有看法，合而称之为生命本体宇宙观，笔者亦称之为“道学宇宙观”，是想与西方“分且隔”的哲学思想作一区分。中国道学（或称“易学”）是宇宙生生论与宇宙本体论的统一，即“元、亨、利、贞”，说它是中国哲学也未尝不可。但与西方哲学各派不同的是，中国人主张宇宙是“合且通”的有“心”哲学，所以中国没有宗教哲学、科学哲学、人本哲学之分，有的是“宇宙观、人生观、价值观”的有机合一。

四、2013 年 7 月的交流

(一)关于中华民族自古就是一个多民族统一国家的问题

针对梁思永对昂昂溪遗址的发掘,张先生得出结论:“昂昂溪的新石器文化不过是蒙古、热河的新石器文化的东支而已。”

而从考古学上证明了一个事实,从旧石器时代到最近5 个世纪这个中间阶段,即如汤因比所说的:“但在中间的阶段,特别在从公元前 3000 年左右到公元 1500 年的 4500 年间,变革速度快于交往速度,其结果导致各地区间生活方式的差异在这一时期达到极点。”汤因比还说:“尽管如此……在公元前 3000 年到公元 1500 年期间的大部分时期,人类所居住的每一个地区是彼此分离、单独发展的。相互隔离、彼此区分,多于相互交往和彼此同化。各个地区性文明同时并存却互不相干。”而中华民族所居住的东亚广袤地区,虽然种族、部落、部族、民族众多,但在这个相对封闭且交通相对便利的自然地理环境中,经过 4500 年的交往(产品交换、文化交流以及部族之间的战争等)而逐渐形成一个以汉民族为主体的多民族大家庭正是这一历史中间阶段结出的最重要的成果。在这个中间阶段,变革的速度远远快于交往的速度。举世公认的是,恰恰在这一阶段，中国人在技术变革和创造发明方面远远走在了世界的前头。这无疑推动了500年前发生在西方世界的科技变革和工业革命，使得“在最近的5个世纪中，人类居住的地区尽管还没有在政治方面融为一体，但已在技术与经济方面融为一体，因为交往速度的加快，已经超过了不断加快的变革步伐”（阿诺德·汤因比《人类与大地母亲·序言》，第4~5页）。

笔者比较赞同汤因比的观点，从中国近年大量考古出土的文物来看，中华民族与世界上所有古老民族差不多在同一时期进入心智开化时期。所不同的是，两河流域文明、尼罗河文明和印度河文明早已融入其他文明之中而中断，只有黄河流域文明在不断融合、同化周边少数民族及文化的长期交往中生生不息而愈发强韧，直至今天。

（二）是什么历史机制造就了伟大的中华民族

汤因比在《人类与大地母亲·序言》中说道：“在本书中，我没有象传统的西方世界史研究那样对西方文明及其历史给以过分的突出……尽管如此，本书的中国读者可能会觉得，我仍然使西方显得过于重要；而一个西方读者则可能觉得，我在努力为我们祖先的文明确定地位的时候‘走了另一个极端’。”汤因比说的“没有象传统的西方世界史研究那样对西方文明及其历史给以过分的突出”，大概是指以西方中心主义为原则研究西方文明及其历史的西方“世界史”，这一说法表明汤因比已经在挣脱西方中心主义藩篱方面做了努力。而笔者所要强调的是,世界史主要是由两个轮子推动的:中国和西方。在迄今为止的5000年中,前3000年是相对定居下来的族群在较为封闭的自然地理环境中创生不同质的地域民族文化的时期,中间1500年则是中华文化文明的突显期,后500年是西方文化日益突显的时期。

显然,在汤因比所界定的4500年中,西方文明及其历史是工具的变革推动其向前发展的,那么,中国文化及其历史发展的动因是什么呢?笔者曾在《心论集》中作了探讨,认为是家庭形式的演变!在一片光照充足温暖、水源丰沛利导、土质疏松肥沃的广袤大地上,人和显得尤为重要,这是中华民族在文明之初就崇尚人文精神的历史前提。种的繁衍与种的生存同样重要,二者在家庭关系本位中合二而一。多子多福、子孙满堂和与异族(姓)间婚配交往的结合成为现实生活的主轴,而土地、森林、水利的拥有利用、生产生活用具及其经验技能的发明传承、家禽家畜的饲养使用以及生产品的交换等是与整个家庭的生存发展不可分割地整合在一起的,成为当时社会肌体的鲜活细胞。

与此相关的是长期定居生活形成的以家庭为基本单元的氏族村落(部落)—氏族联盟(方国)—主体方国(邦国),大概就是夏以前中国社会结构的基本形态。笔者之所以作如此推测,在于认定中华民族创生、成长、发展的历史遵循着由血缘到族缘到宗缘再到地缘的路子,从中可以得见中华民族以人文天伦为基础、以家庭为本位向外扩张的历史轨迹。笔者以为后世各代实行的三大政策应是造就伟大中华民族的重要机制：

第一，以血缘为纽带的姻亲结合。对于重视家族繁衍的远古社会而言，这是最重要的机制。后世出现的嫡庶制度、纳妾制度等都与此有关。在先民对血缘亲疏与后代健康的关系有了清楚了解后，同姓不通婚以及门户相应的婚姻制度便随之产生。这时的婚姻制度成了延续家族后代和扩大家族势力的最重要的机制。这个机制的产生应在父系制家庭取得统治地位的炎黄时代，该机制确立了天地、夫妇、父子、君臣等天伦礼序基础上的社会规范，其核心就是人文精神与和合观念，二者的有机结合蕴含了中华文化发展成长的全部基因。

第二，由于自然地理环境的差别造成了地域内诸多互有差异的文化单元，它们之间的社会、经济、文化等发展水平是不同的。在华夏族周边就有称之为南蛮、北狄、东夷、西戎的四大少数民族族群，他们或过着草原游牧生活，或以江河湖海渔猎为生。以炎黄族为主体发展起来的华夏族与周边的少数族除了产品交换、文化交流外，战争也会因生存需要而有发生。以农耕为主的华夏族常常会受到游牧族的袭扰、掠夺。华夏族除了以自己的优势文化和强大实力抵抗外，应该还采用了和亲的政策，我们可以从后世王朝的和亲政策中逆推远古时代的中原先民已经实行了这个办法。它与当时实行的以血缘为纽带的封土建族制度一起,通过和亲建立周边屏藩,以保障中土华夏族的安定与和平的生活。据有关文字资料统计,中国历史上至少有360次和亲,上至周襄王(公元前7世纪)下至明清时代,历史跨度约2500年。中原王朝与少数民族的和亲是目前大家所共知也是最普遍的一种和亲方式。实行历史跨度如此之长、数量如此之多的和亲政策,不会是后世帝王的创举,而应是如上所述,有其一以贯之的传统。和亲政策有成功有失败,对其功过是非见仁见智。不过,如果从迄今中华民族发生、发展的全部历史来看,和亲政策在扩大、巩固疆土、构建不同形制的多民族大一统封建国家方面的确是起到了积极促进的作用。

第三,赐姓也是一项可追溯到远古的制度。赐姓约有三种情况:一是汉族皇帝赐姓给少数民族有功之臣,以笼络人心,如汉、唐、宋、明等朝代经常发生;二是入主中原的少数民族皇帝赐姓给非本族功臣,如金朝皇帝赐姓给汉族、蒙古族人,这种情况为数较少,时间亦短暂;三是入主中原的少数民族皇帝改为汉姓后再赐姓给本族人,如北魏文帝和清朝皇帝的自主汉化政策。我们对后世王朝实行赐姓制度多评价为巩固其政权的政治需要,但若从中华民族融合、发展、壮大的整个历史长河角度来看,赐姓是外族民转变为族内民、文化发展水平低的族群融合到文化发展水平高的民族中来的重大举措,其历史意义不可小觑。笔者认为,在炎黄部族时期,父系制度已然巩固,出现了以男权为主的民族,姓相对较少。可以推测,那时还有许多少数族群、落后族群还处在有姓(以图腾为姓)无氏的母系部落时代,通婚、赐氏制度促进了他们向父系氏族的演进,提高了其文化发展水平,同时也扩大了炎黄主体部族的人口、疆域,丰富了其文化内涵。战国以后姓氏合一,赐氏自然演变为赐姓,并逐渐由宗法之礼制转变为制度之礼治。这是以家庭为本位的中国历史自然产生的人文社会现象,与以个体为本位的西方社会由教会赐姓的制度形同而质异。

(三)无心不通,万物皆备于我

张先生问:"'优秀传统文化'与马克思主义是什么关系?有主有从,还是并列?"笔者在此谈谈自己的看法。

"优秀传统文化"与马克思主义的关系,简言之,是体与用的关系。笔者曾将中华文化定位为道本文化,也可以说是心本文化,道与心不二。故所谓心本文化,王阳明说了五句话,即"心外无物,心外无事,心外无理,心外无义,心外无善"。顺其理亦应有五句,即"无心不通,无心不知,无心不备,无心不容,无心不致"。上述"五无""五不"讲的都是心体,物、事、理、义、善讲的是宇宙万事万物,通、知、备、容、致讲的是心体之性。如果所言有理,那么,世上一切事物包括马克思主义学说在内都是心用之事物。所谓以马克思主义为指导思想的理论基础亦是"用",即马克思主义中国化,而非体。

与闫德明先生的切磋

闫德明，北京航空航天大学毕业，现在河北秦皇岛港务局工作，是中国民主建国会秦皇岛市委员会委员。笔者曾与闫先生针对中国古代哲学的某些范畴以及中西哲学的异同方面进行了交流。兹录如下。

李（即本书作者，下同）：

我在故我思，还是我思故我在？

闫（即闫德明先生，下同）：

思是在的一种表象。

李：

在难道不是思的表象吗？

闫：

表象对本体有单向依赖。本体的消失必然导致依赖本体的所有表象的消失。在的结束肯定同时结束思，思的停止未必导致在的结束。所有思是在的表象,在不是思的表象。

我思是我的一个历史性的表象,我在是存在、是本体。表象是本体历史性、片面性的组成部分。一个时间维度点上的所有表象有机结合起来成为这个时间维度点上的本体。一个表象不能代表本体,但能证明本体的存在。大象的腿不能代表大象,但能证明大象的存在。

李:

但如果一个人脑死亡了,他的这个"在"还有本体意义吗?一个正常的人是肉体重要还是心重要抑或是灵肉结合的"人"重要?一个精神分裂症患者,他的"在"还会是"体性"的在吗?现在的问题是有没有无思之在,有没有无在之思?

闫:

传统马哲教材对辩证否定的解释过粗,其实辩证否定是扬弃,是一种概念上的否定,内容上的肯定。

李:

所以才有否定之否定规律。

闫:

辩证法是有限之物由于内在矛盾而转化、过渡到其反面。

李:

我则认为,宇宙中不存在纯粹的有限之物,凡物皆是有限与无限的统一,否则,有限之物从何而来、向何而去岂不成了问题？所谓一物之内在矛盾就是有限与无限的矛盾统一，有此矛盾，万物才会成为宇宙生生不已的无限活动中的不同层次、梯级上的环节。

闫：

这就是黑格尔的思想，绝对理念无处不在，和中国哲学的道或者理无处不在的道理一样。黑格尔主张特殊性和普遍性、有限和无限等的辩证统一的思想，和理一分殊的理念一致。

李：

中华道学演变到宋明时期，应该是气、理、心三学一体流通。程颐说："论性不论气不备，论气不论性不明。"王阳明则说："气亦性也，性亦气也，但须认得头脑是当。"可见在中国先哲看来，气、理、心是"合且通"的，不可分割开来，所谓"认得头脑是当"即是。之所以后来较少讲气，我以为气已是题中应有之意，讲理即气之理，讲性即气之性，讲心即讲理。

但是黑格尔先是预设了一个绝对精神（与柏拉图的理念、中世纪的"上帝"一脉相承）是全知全能的，他的逻辑学就是对形而上绝对精神的论述，然后外化为自然哲学，最后以精神哲学为顶峰，即绝对精神的归宿，从而完成了他的客观唯心论体系。他的学说和宋明道学是不同的，他的学说的整体性仍是以实体为本位的，即以"有（存在）"开始，他的绝对精神也是大全的精神实体。逻辑关系上的"是与是者"正是事实关系上的"有与有者"

的创造者。

闫：

心何来何在？人之前是否有心？

李：

心为宇宙无限统一之谓。人为宇宙之心是说，有限的人之无限统一与宇宙之无限统一同，因此，人心也不是人的某个器官，而是人的生命活动无限统一之谓。总之，我理解，“人为天地之心”是说宇宙无限统一之结晶是人，人的无限统一之相是“心”，故心为天地之主，主体、主宰之谓。

关于人之前是否有心的问题，我的理解是，人之前不能说有“心”，只能说宇宙有一种向上奋进至无限统一之生机活力，即生生不已的活动。动物有本能，而本能是一项项的“分且隔”的能力，只有创生了人，动物性的本能升华为人的本性，而有大全之性，与宇宙“合且通”了，所谓“天地与我相通，万物与我为一”是也。

闫：

按中华道学，把宇宙比拟成一个健康的成年人，“气”就是肉身，“理”就是灵魂，“心”就是活力。“气、理、心”同生同灭，一体共存，互为前提，互相依赖，是为一元。王夫之的气本论和程朱的以理为本何意？

李：

我很赞成你的观点，凡主张宇宙生命本体的学者，不会不力挺“气”论，随之必有性、理、心等的思想。王夫之是主张“气、理、心”一体相通的，他的气本论是针对当时空谈心性的人们的。其实，明末清初三大经世致用学者顾炎武、黄宗羲、王夫之都是这样的。

闫：

黑格尔的历史性就是辩证的否定。大学的知识否定高中的知识，但是把高中的知识融化。辩证的否定是正反合。关键是“合”。

李：

个体本位，关系从之。关系本位，个体从之。中西思想之别，根在开始思考的刹那。

闫：

黑格尔的观点就是绝对精神，就是展开回归绝对精神的过程。我的理解是宇宙的结果就是绝对精神。黑格尔的观点是所有的概念由整个过程和环节组成。

李：

德明君快成黑格尔主义者了。人的一生要有操守、秉持，不要犹疑摇摆。

闫：

黑格尔是德国传统哲学的集大成者，我只是近期重点学习了黑格尔而已。学习就得尽量明白其思想脉络，不代表我赞同什么。虽然西方现代哲学也有发展，但个人觉得并没有超越性的进步。当然在学习德国哲学的时候，也看些国学资料。前几周重点看理学和心学的资料，近期看的少些。中国道学主要指的是理学、心学，理学和心学的根多在孟子，而不是孔子，不知道是否有误？

李：

德明君，我们讨论思想学术问题，需要科学精神，大胆怀疑、否定、超越，不必有丝毫客气。我意，中华道学源于伏羲、炎黄时代的八卦，以至夏之《连山易》、商之《归藏易》和西周之《易经》，后经周公、孔孟，直到宋明气、理、心学一脉传承。我取名为"中华道学"，还需学界认同。

闫：

这两天粗读了曹伯韩先生的《国学常识》一书，里面似乎有"中华道学"一词。传统说"伪道学"应该针对的是理学家，一脉相承是肯定的，但更多的是从孟子的"心善"发起，和荀子及汉儒关系不大。

李：

如果你看宋明时代的学说，分为气（张载）、理（程颢、程颐）、心（陆九渊、王阳明）三家，他们是分而为三家，合则是一家（道学）。理学上承荀子之礼，心学上承孟子之心。荀子隆礼，他说："礼即理也。"孟子崇仁（心），有《尽心上》《尽心下》两篇，他说："尽心知性以知天。""存心养性以事天。"我认为这是心学的开端，前者类似阳明先生的"心即理"，后者有"致良知""知行合　·"的内涵。当然，中国先贤都不是纯承一家之学，我说的是主要传承脉络。孔子曰："吾道一以贯之。"是对中华文化的最好写照。

闫：

事情并不穷尽于它的目的，而穷尽于它的实现，现实的整体也不仅是结果，而是结果连同其产生过程。单独一个结果,这乃是一个丢弃了生命的死尸。

李:

结果,结有过程之意,果即现实之物;存在,存有过程之意,在为当下之时,存在即延续的在之谓。

闫:

过程是真正的结果,结果是下一个过程的开始。结果是相对的,只存在于人心,没有绝对的结果。

李:

中国先哲讲生生不已,没有绝对的结果。因果关系是西方人崇拜的规律,其认识有限的实体关系、探索事物之间的规律是有效果的,但若放眼广袤无垠的宇宙中,因即果,果即因,因果的界限消失了。大动即真静,大静即真动;因即果,果即因,由此走进中华道学,一切即我,我即一切。

闫:

常识和灵感可以帮助思辨,但不能代替思辨。悟性不能成为懒惰的借口。不立文字,心悟,感性传承走入神秘,助长懒惰,最后结果是既脱离感性实际,又脱离理性思辨。

李:

离开实践,怎能谈“悟”?感性活动与知性概念的辩证统一,中国先哲叫做“悟”,西方人认为二者之间要有一个“构架”作为桥梁,而设立构架靠“创造的想象力”,这“创造的想象力”是什么?悟而已矣!

闫:

创造性的活力在于“悟”,创造性走向创造和复制必须依靠艰苦的思辨，融化消失在稳定成果中的“悟”才有意义，稳定成果是新的“悟”的基础。没有形成稳定成果的机制，“悟”只会原地踏步，然后丧失活力。

李：

创造是一种一统无限的精神活动，它可以把人们认为不可能的事物经过“悟、思、虑、行”的过程而有机地整合在一起，它具有横向创生的性质。中华民族之所以能够创造出近代以前世界90%以上的生活器物、生产技术技能，就是经验的积累传承，达到一定程度而自然创生出来，就像中医、雕刻、剪纸、陶瓷、造纸、火药等，都不是在实验室里分析、设计、实验、制造出来的。

闫：

在感性和知性之间徘徊，很难到理性。

李：

中国人认为宇宙是生机整体，如果分解开来就会破坏其生命整体活动，所以中国人总是顺应自然、利用自然、发展自然，创造出的东西是自然的延伸而不是破坏自然的技术。西方人就不同了，他们不仅要分析自然界的东西，对中国人创造的生活器物、技术技能也拿过去进行分解，了解其因果关系，建立科学理论，进行科学研究，发现新的理论并转化为新技术。所以说，是中国人的创造助推了西方的科学繁荣和工业革命。而西方的科学技术传到中国，给了中国在更高层次上再创造的历史机遇。中国人利用自己的优势，对外来的科技成果进行横向创造，生产出自己独具特色的东西。西方人把人的思想活动分为感性、知性、理性，其间是“分且隔”的，中国人的“悟、思、虑、行”是一以贯之的，是悟本精神活动。悟是感性到知性的有机统一活动，思是在知性与理性之间的高级“悟”，虑是思与行之间的“悟”，叫知行合一。总之，悟、思、虑、行不可分开，一体流通。有人把中国人的悟本精神活动称之为实用理性，我在《心论集》中将其界定为经验理性，意思是差不多的。德明君说很难到理性，似乎是讲不通的。

与其他学者的讨论

心(指网友"心即理20在搜狐",下同):

前段时间,偶然又看了当初与李老的讨论内容,李老有关东西文化合且通、分且隔的思想很好,而且中国主流文化最后归本于儒,宇宙亦是一大生机活物,这个"一"真是妙,天下万物尽是这"一"之枝爪,万物虽殊而一贯。关于人心道心,我当时的看法确实有误。道心本是至善,人心分且隔就各自为私了,若无一丝人欲,人心即是天理,此时无所谓善恶,所作所为无非至善。

近来,遇事不决时也常审视自己内心,此时有无意必固我之心在,人欲尽去,此时此理方为是当,当与不当,良知亦能知之。当的,心中无不安;不当的,虽勉为,心中有疑有慊。

未见此花时,此花与汝心俱寂,你来见此花时,此花一时明白起来。类比：你未去察觉自己的脚时，脚只是个自在，不知是个什么；你去着意自己的脚时，脚是什么样的，心中自然一下子知道脚是什么样（因为脚在你的心内，对于心内之物，自然能知能明白）。你能体察到你的脚了，说明这个脚（在你身上、心内）不在你的心外。凡你能觉察到的东西，都不在你的心外，否则你觉察不了。人心就具有察而知之的功能，自然会把它理解成什么样。所谓心即理。

人心是万物的尺度，凡未进入我之心灵之物，只是自在之物，甚至不可谓物，不可谓事事物物皆有其定理，须经我的心理会，而后有其理。有所谓天地、鬼神，有所谓高、深、吉、凶，有所谓宇宙。

有事，人心自然而然地会去理会和理解，良知良能也，理解和理会成什么样子，都是靠心。离开心去理解，就没有什么东西可言可理喻，不在心中的脚，不是心去感觉到的脚，脚是啥样？所以说心外无物，心外无事，心外无理。不着意去理会脚，也感觉不出脚是啥样，故不诚无物。

世界每一天都是新的，都有新的面貌，人每过一岁都是新人，都有新的境界。这二年来，李老有何心得，望不吝分享，得遇李老，能启人益智。

我以为，为学之道，非只知之，重在存充扩养，于事事物物之间随处体认，以致美大圣神，全在扩养之功，否则，论之百年，徒与俗人无异。本想再与李老复论理学之道，但随便观阅几篇，知志不在斯，竟令人无从张口。

李(即本书作者,下同):

遍寻无果,偶露峥嵘,欲抓又失,如之奈何?

心:

随处体认,随那一点真机所在而行之。其实,也只是最平常,随处体此心当得如何而如何罢了。醉酒昏沉,迷惑混浊之中,微弱的一点道气,仍然能指引人重上正途,只是不随那一点真机所在,至于迷失更甚,道气愈微。

这个东西如水中捞月,一去捞就破碎不见,不去捞又复得一轮明月。遍寻、欲抓就不可得了,道发于自然。随人器质、修为、开悟而自然有中道成乎其间,无中生有,天地灵机,如天地日月精华所至,自生灵芝。智慧不济,能耐不济,可以造道。暗者变明,弱者变强。造道为第一等事,道却造不得,而是水到渠成,合于天理,积精累气,善加培植,而道悄然生矣。见得一层,又更上一层了,越见道妙无穷,原来不知藏在何处。

李:

道兮归来,是中华民族得道卫道之自然历史过程。透过有言之意,一切尽在无言中。

道不可言,言即非道,古来一切文章皆为破碎之月!

两年未谈,仁君长进不少,愿听指教!

心:

"发明本心"这四个字,实不可轻易放过。一切皆我心内事,事事物物之理无非心理发现。辩疑之功,无非打通心天。凝神致志,敬以直内,无非向心内求。功到自然成,诚已方成物，不诚无物。天道虽远，至诚而不动者，未之有也。学问思辩，无非凝神于心天，思之思之，思之不通，鬼神为之通，心天自然有感有应。如此花颜色一时明白，方知不在你的心外。

李：

向心内求理，向心外求功。理功、功理，一体相通，故有格致正诚修齐治平。

心：

“向心内求理，向心外求功”，我认为其实是不必这样说的。这样说，到底是隔了一层。勉强凑合终不如知行合一，不履其事而有其理，是不可能的。求理即是求功之时，求功亦是求理之时。怎么一面向心内求理，一面向心外求功？再说，也本没有什么心外。眼前见得的、知得的，何尝不在心内？

李：

到底是“心统万物之理”。所谓“心外无物，心外无事，心外无理，心外无义，心外无善”毕竟讲的是本心之性、之能指。

心：

“心是心，物是物，二者皆寂。”我以为：这样说又分隔了一层。心物本是一件，以灵明主宰谓之心，以意之所在谓之物，心无体，以万象感应为体，天地万物没了我的灵明，天地万物又为何物？未见得物前，此花与汝心亦不是二，岂有离心为物，离物为心的？此时如果心是心，物是物，就有所谓心外之物了。

李：

未见得物前，心是心，物是物，二者皆寂，承不承认这一点是心学、佛学的根本区别所在。

万事万物之理在心内，故心之良知可致天理于事事物物，关键是有心统摄，天地万物“合且通”。

心：

佛学与心学不同处在于，佛学无“天理”，不知未见物时亦有天理。但李先生以为心学未见物时，心是心，物是物。我不以为然。

在我跷起二郎腿打字的时候，我浑然不觉有此腿，等到打完字要动身，一时觉知我还有此腿。不可谓浑然不觉时，腿在心外？未见物时，亦可比拟。所谓宇宙之大，万物之众，亦我腿也。耳目未见之时，亦非心是心，物是物。

李：

佛有佛理，天有天理，无理不成学也！

李：

心为天地万物统一之谓。在天地万物之中，唯人可配称天地万物之心；人心为人身高度统一之谓，故为天地万物之主。故不可说心即物，只可说心即理。

所谓心是心，物是物，是指“二者皆寂”。物者寂也，是因心寂，非是物可寂可不寂，而是物自在之谓也。心是主宰、主体、能动者，格物即可致知。

阳明先生所说的心外“五无”是指心之本性、能指而言。所谓“心外无物”,非有心无物,而是指心性本觉,故物在心内,可格物。

心:

李先生有心物二元论的倾向,心和物不合一,所以各自说话。本来不必言合,李先生总是讲究和合,所以这里面的分歧自然难以沟通。

李:

无和不继,无合不生,何来生生?讲和合,就要讲“合且通”,有心统摄。

心:

交流的障碍处正在于此。这里不一致,其他全是说不通的,终会判而有二。说背离阳明心学主旨,我看阳明心学主旨正在此处,否则“吾性自足,山中观花”的那些话就白说了。不明于此,一切就只能字上知解,当作话说,在自身上体会不到。

李:

一元者,身心一元,物性(理)一元,皆是宇宙生命本体。所谓天地与我为一,万物与我相通,讲的是天地万物一体流通。正因此,心可格致万物之理,致格天理于万物。所谓心物二元,非我之意,是先生佛心自用耳!

“交流的障碍处正在于”由心学倒退到佛学了,以佛心替换了人心。我从来认为,佛有佛道,人有人道。以佛看天地万物,只是一个“空”;以人看天地万物,则人与天地万物一体相通。如此,方可体究践履,实地用功,不像佛教只明心见性可也！最简单的道理是衣食住行，无心不成，无物不就，心统物化。

心：

李先生接近于朱子理学，不怎么接近阳明心学。李先生讲心通于万物，并不真正通，至多只是能致得万物的理。始终物是物，心是心。只认心即理，不认心即物。阳明讲的“心意知物，只是一件”视若不见。佛要明心见性，心学也要明心见性。不明心见性，也搞不懂心学。佛除了明心见性，看不到别的。心学明心见性看到的是天理，是万物与心无间。

李：

朱王一体两面，不可有隔。阳明讲的“心意知物，只是一件”应与他所说的“知行合一”联系起来思考。朱子讲理并非不讲心，就像阳明讲心并非不讲理一样，侧重不同，皆是讲的内圣外王之道。

心：

认为倒退到佛学，那是误会了。心学的心即物与佛学的心即物不同，佛学心空时，物也空。“心灭种种灭”，不再承认有万物的存在。我说心即物，不是随心所欲。不是心灭了万物就不存在了。心学在心未尝理会时，只是寂，不是空。心天至诚不息，天行健，无一息稍停。眼前一朵花，我能见得这朵花，是因此花本在我心中，因此一时明白。如果并非心中本有，谁知它眼前是个什么。唯有这样，才是无内外。心内心外只是一件。

心即物，主要说的是离心不知物为何物，离物不知心为何心，是两者不可分离的关系。眼前知得的、识得的，何尝不在我的心中？是讲的无内外，并非有什么心外心内的说法。李先生所谓向心内求理，向心外求功，还是把万物放在心的外面说的。

向（网友"向道"，下同）：

心，不过是"人"及"人脑"这种物质形态的运动现象，与万物同质同一，统一于物质性，绝非绝对特殊的绝对一体的万能的虚妄的"上帝""绝对精神"等类。即使真的存在灵魂和仙佛，如果仍然受客观规律支配和制约（佛家讲缘起和因果），那么它们就是物质的！在任何意义上，真实存在着的人的精神现象就是一种高级物质现象。

局限、无能、无奈乃至无常，无数次地昭示着，人、人脑、人心、意识、思维、意志、精神、心理、认知——都不是根本区别于世界万物的绝对特殊，而是与万物有共性的具体事物，与万物一样都是本质同一的具体真实存在，都是受相应客观规律支配和制约的物质性的具体事物及其属性和运动相互作用的现象。我们只应讨论真实存在的"心"和"精神"。建立在虚妄不实的"精神观"基础上的主客观唯心主义是荒谬绝伦的。

李：

心先生禅味十足，开阔了我的视野；向道先生西学造诣颇深，使我对西学增加了了解。我希望与二位先生继续讨论下去，以增加我所不知，增益我所不能。

向：

据我所知，西方哲学诸派没有人明确提出过“精神现象是一种高级物质现象”这一论断，甚至辩证唯物论都因受“哲学基本问题”的扭曲而没有捅破这层薄纸，以致逻辑上混乱不堪。至于把东方哲学理解为讨论虚妄的“心”，那又当别论了。

心：

这位向道先生好奇怪，你说的真实存在的心和精神以及物质性的具体事物，那么试问，哪一件事不是在你主观中的？哪一件不是站在人的主观上去认识的？你再怎么说它客观，首先逃不掉你的主观。另外，需要说明的是，中国文化和西方文化的实证不同，中国文化靠的是体悟，是彼此的会心，体会到了就是会心一笑，讲究的是一种心灵上的契应，甚至是一种言语道断，不可思不可议，是很难用逻辑的方式去推导的，更不谈用什么方法去证明唯物主义正确还是唯心主义正确。

中国文化是不去讨论唯心唯物的，两者是互为其根、两相照映的。举心，物在，举物，心在。不会像西方哲学，非要分清唯心、唯物。

李：

“举心，物在，举物，心在。”何必言二？只举心可也。如此说来，先生是自相矛盾的。

心：

至于李先生说我禅味十足，我认为禅虽勉强称为佛学，其实与原教旨的佛学有很大区别。另外，我觉得我与禅也不相似。禅虽和心学有很大渊源，但毕竟在本质上不同。一是心学是易，至诚不息，乾健刚劲。禅流于虚寂，固守寂然不动的一面，感而遂通的一面行不通。二是心学积极入世，唯求吾心之无慊。而禅学佛学，消极避世，只讲虚幻，不讲相对性的真实（无私欲之弊，即为天理）。三是禅学佛学无所依傍，其归宿必然流于虚寂；心学以天理为一手撑天处，故有落实。

“眼前知得的、识得的，何尝不在我的心中”，并非是禅与心学的本质区别。《传习录》的山中观花，其实是最好的说明。李先生讲我心致得此花之理，仅仅是致得理而已，花还是外在于汝心的。就好比一个人能理解另一个人，仅仅是理解而已，两个人毕竟还是两个人。所以这里是有支离的。

另，李先生不必对西学那么切齿，毕竟西方的科学技术对社会还是有一些帮助的。而这佛学残害人于无形之中，看上去还是自己的孩子，却暗中被夺了魂魄，从此外弃人伦，内失奋发。

李：

大谬不然也！我对西学从未反感过，更未达到“切齿”。我意西学可安身，立命还要靠中学，因为它是自家灵魂。先生对佛学的评判，我有保留，禅对宋明道学的创生还是起了积极作用的。

心具花之理，非是花本身。心如何具得花之理？是宇宙生生不息之无限统一之功全在人心，故无所不包，无所不知，无所不能。就是西学奇葩之科技，在中国人的格致之下，亦有大创新。西方有发现转化之功，中国有创造出新之果。宇宙生生不息之纵向创生而发明本心，纵向之功便转变为横向之能。西方人的纵向发现发明之功，随之转变为中国人的横向创造发明之果。

心：

心具花之理，就必然具花本身，岂能不具花之本身，而能具得花之理？心无所不包，无所不具，方能具无限统一之功。禅对宋明道学的创生起了积极作用，我也很赞同。“西学可安身，立命还要靠中学。”诚然。

向：

“全在人心，故无所不包，无所不知，无所不能。”“无所不包”，只因心物本一且心为物镜；“无所不知”，似有可能；“无所不能”，似乎言过其实，是宋明理学家们无所不能？

李：

所谓“无所不能”，是指其无限可能之性言之，只要人所能达到之处，心即可格致之。心之所谓无所不知、无所不能，是就其现实可能性言之的。

李：

心具花之理，花具花之性（理），不接触花，心、花皆寂，一旦接触了，心、花怒放矣！中国人讲格致，而不说反映，是因前者主客合一，后者主客两分。

心：

无论触与未触时，此物（及此理）原本在心中。一旦触时,万事出(心、花怒放),未触时,若无其事(心、花皆寂)。无物不具有条理,无条理不成物。以充塞言之,物也,以条理言之,理也。既说心即理,就没有理由认为心不即物。来见此花时,心中即呈现此花(理),然此理从何而来呢?由外烁我?抑是吾心内本有?如吾心内原本没有,由外能烁我?如此花原不在我心中,现在接触时,能呈现出此花的理?此花与花理能两下分离,各归一处?故我说:眼前知得、识得的,本是心中之物。

心如何具花之理?必须包具花本身。花本身才是花之理。不包本身,无有是理。具得某物之理时,必具其本身,其身即其理,岂可分离?以充塞言为物,以条理言为理,一也。舍其身即舍其理,其理能独存于吾心?

心具花之理,花具花之性。两下分离,岂可?

花本身却无着落处了。阳明先生说"心外无物"的"物"应是"物相",非"物体",若说心聚万物之相可也,说"心外无物,心外无事,心外无理,心外无义,心外无善"只"心即理"可也。未见它时,只能孤零零地一个寂,而不在我心中,无着落。

李:

这是先生所言,非我之意。

那万物都要在心中有一个实物,岂不哀哉!心乃天地万物之主,遇花格花,遇柳格柳,森然万物,人遇什么都可格,只是身体有限,人生有限,哪里都会遇到?这里只是说心之现实可能性罢了。

人何以具有先验知性，是宇宙生生不息之积淀升华，至人心（天心、本心、道心在根本处唯一）乃成无限统一之性，具天地万物性理之全，故可见花格花，见柳格柳。所谓发明本心，吾心即是宇宙，宇宙即是吾心。

宇宙生生不息创生万物走向统一，这个“一”就是“心”，一故神，神即通。

心：

优游天地间，安住在自心的家园。“万物皆备于吾，反身而诚，乐莫大焉。”

李：

万物皆备于吾＝万物皆存于吾？

先生与我的分歧明矣！游心即游天地万物，万物皆存于吾，反身而诚，无需践履。干脆心游食则不饿，心游衣则暖身，僧尼不必化缘，百姓不必劳作，坐斋可也！

向：

真实存在的心是人心，分立各异的人心是有限的局限的无常的有规律的运动着的人心。不存在绝对一体绝对特殊的“心”，不存在具体的抽象之“心”。道佛两家也只是追求将“心”以弥漫的开放状态合于天地自然、“各自”回归与万物同一的本原（道）本来（如来）状态。先生所说的“无所不知无所不能”“至正大全”“天心即人心”的“心”是否包括你我、古今、中西的心？是否有限的局限的遵循客观规律运动着的无常的心？能否破坏因果和无常？

李：

天心、本心、道心本是一心，即宇宙无限统一之谓，不是说有一个实体或实相的心。人心是人身无限统一之谓，所以心离不开身，身也离不开心，身死则心散，心散则行尸走肉。精神分裂的人就是心裂有隔，就是一个不正常的人。正常的人，其心与天心、道心、本心于根本处为一，即做到"心统性情"。但是人的情欲往往被私欲所蔽，故人有私心，办事往往不公；若是私心太重，则贪赃枉法，甚至草菅人命。

至于说到西方人，他们带着原罪来到尘世，视尘世为一个个孤零零的实体，也自认人的原罪由肉体引起，故要惩罚肉体，拯救灵魂。主客两分、灵肉两分、理情两分是造成西方人心物两分的宗教哲学基础。所以，西方学者研究人是从本能开始，即从生物学意义上的HUMANO研究起，弗洛伊德的"本我—自我—超我"即是。他们有酒神和太阳神，心为物立法，道德的绝对律令自"上帝"出，实际就是宗教教义，理与情在人身上是分离的、有隔的。狂躁的酒神与理智之神既相互为用，又互不两立。而中国人从仰观天文、俯察地理、近取诸身、远取诸物的实践活动中感悟宇宙生命本体，道由情生，天命谓性，尽心知性知天，存心养性事天，心统性情，一体流通，以道节情，以理节欲，本性自足，心智健全，天地人和谐相处。如此，中华民族生生不息，绵延五千年至今。

我主张中华文化是道本文化，既不玄虚也不妄论，而是要经世致用,体究践履,实地用功。

心:

至诚者,可感应天地,此心学所共知,这其实也是一种践履,至诚达道。至于平常人,心之感应力不足,必须身体力行践履。万物皆存(备)于吾:万物皆在我良知发用流行中,心即道,道生万物。和光同尘,能为万物主,不随四时凋。又有什么不在心中?说万物皆存于吾,又有何妨?

李:

都是践履,何谈体究践履、知行合一?阳明先生何必劳其肌骨到山中观花?

心:

他不去观花,此花颜色如何明白?万物虽在心中,然不履其事不能造其理。如用意念就可成功,就大谬了。不与事接,就是踏空蹈虚,悬空用诚。不致吾之良知于事事物物,事事物物如何得其理?悬空用意念去想象的事物,只是人伪妄想之物罢了。

李:

你的话自相矛盾了!

心:

其他诸事,虽在心中,不与之接触,其事其理,只是个寂。一时来感,一时相接,事至而理亦成矣。不汇交于当下,是非曲直以及中道如何?天理亦不明。神无方而易无体,唯变所适。不相接触,如何有个"中"呢?

李：

有些心学味了！

心：

在天，无有不中，在人，则有中与不中，有皆得其理与不得其理。事事物物不接（不来感）于此心，其理亦不明。

李：

太棒了，回旋了，令人振奋！

心：

至于至诚之道，可以感应天地。《阳明全书》中有一篇求雨祷告文，明确说了："天道虽远，至诚而不动者，未之有也。"

李：

真真滑向巫术了，岂不悲哉？

心：

心中之天理，如日之光明，舍此，何处更求光明！它这里四平八稳，无过与不及。事至，直问良知，自然提示当得如何，唯简唯易，感触神应，不疾而速。唯其天然，故有不虑之得，不勉之中。

可惜功夫还是不到家。勤而行之，又觉有束缚，一旦忘之，又人欲当家，触处有碍。天理与人欲交战，有时理胜，有时欲胜。理路上行去，有所恐惧，怕失了自我，误了此生。欲路上行去，有所恐惧，怕走入歧道，昏暗了一生。

李：

把天理、人欲对立起来，斗来斗去，还不是患得患失，恐惧、昏暗交替出现？若是自家心底写照，别人无可奈何。

人是迷之佛，佛是悟之人。船山先生有言："人欲之大公即天理之至正。"信哉斯言！

心：

道理是这个道理，知行合一，难就难在这个地方。做圣人不但有惊世骇俗的认识，更需有惊世骇俗的大勇、持之以恒的信心和毅力。循理，本应一切顺其良知，只是人历来没有切实磨剥的功夫，不能立即做到事事循乎天理，天理人欲终究还在。阳明反复劝告，事上磨炼，担心的也就是学人只知空讲。所以说，一般人要想"虽千万人，吾往矣"，实现知行合一，也不容易。

李：

我虽无阳明先生困厄的经历，但也是踏着荆棘一路走来，虽相隔几百年，却也有心相通的地方。故而潜心治学，略有心得而已。

心：

心通天地万物，故能不疾而速，感应于当下，成乎"中"。不可谓心仅具万物之理，而不通乎万物。未与我耳目接，其声色为何声色？未感吾心，未履其事时，其理何理？其事何事？其中何中？暂不分明，故而称寂，但不可谓不在我心中。

李：

此论甚是！宇宙生生不已，创生万物，统一于心，天地万物之理心无不通，万物之象心无不具，理象皆具，故可触花有花，接柳有柳。格之而致其理，致心之良知天理于事事物物，事事物物灵昭不昧矣！心无不知，心无不晓，声色万象无不如此，此是就无限能指而言。

心：

心与宇宙万物本身的合一性上，李先生没有谈及，只讲了宇宙自己生生不已，创生万物，统一于心。统一这个词在辩证法里是有几种情况的，凡相互联系的皆可称统一，本体上不一定同一。中国的文化是一种特殊的混成的一元论，彼此在本体上互为其根，体用一源。体用一源的认识，中国是世界上绝无仅有的，这是特殊的一个概念。

李：

在中华道学中，所谓统一，"一"即指心而言，"统"即主宰，天下定于一（孟子）、万物与我为一（庄子）的"一"，皆是指"道"，也即"心"，道、心一也！因此，统一之谓当然直指本体，故有体用不二、体用一源之说。说中国文化是"混成的一元论"，哪怕指为"特殊"，我亦不敢苟同，我只说是"生命本体"的文化。心乃万物之本身，与道乃万物之源一样，此"万物"仅就万物言之，非是一个个的"物"。如是，我则可以认同。若从一个个具体的"物"言之，心统性情与心统万物不二。天地氤氲，化生万物，与人心统御万物再造自然一以贯之，人的社会即人化自然。如反求诸己格人心，你所说："凝神神凝之时，即体会到气凝精凝。心不在焉，即无精气流行。人情绪激愤时，即感觉到逆气奔腾。心平时，气即平。故说：精气直接就是心本身。非精动非气动，实乃心动。《中庸》上说：不诚无物。《易经》：

精气为物，游魂所变。诚然。人之心最底，即天心也。天心即宇宙万物也。”斯言甚是。

心：

我认为，心更直接就是万物之本身，也是体用一源的关系。有此心，才有所谓宇宙万物。

李：

所谓“心不在焉”或“情绪激愤”时，则“逆气奔腾”，只能说心未统情，反被情驭，直被私欲蒙蔽，心失动静之序使然。阳明先生曰：“吾儒养心未尝离却事物，只顺其天则则自然就是功夫。释氏却要尽绝事物，把心看到幻象，渐入虚寂去了，与世间若无些子交涉，所以不可治天下。”诚哉斯言，儒释之别明矣！情绪激愤时，是私情乱心，仍是未离却事物。否则，为何心不在焉？为何情绪激愤？

心：

以灵明主宰谓之心，以意之所在谓之物，心无体，以万物感应为体。见花见柳，无非心之感应，是花是柳亦是心。

李：

斯言甚是！

心：

此间又是个天理流行，心即理，心以理而物的。

李：

这一条亦有同感，致良知可也！

心：

心不可割为一个个的物，但无一物非心也。今看去世的人,他的精气游散了,他的天地万物尚在何处？不是说没有了人的灵明,天地万物就不存在了,而是说没了人的灵明,天地万物寂矣,不形矣,成无“物”之物、无“状”之状。唯有灵明时,万物昭然,鱼跃鸢飞,天机无一息稍停。天地万物与人心确实是体用一源,同出而异名,互为其根的关系。

李:

故而天地之灵明在人,人之灵明在心。天地生生,造化灵明,人之生生,灵明永续。

心:

人之未生也,天地混沌,无名本寂寥。人之生也,万物无不因人之灵明而栩栩。有人物有天地矣,有山川鸟兽虫鱼矣,有往古来今矣,有四方上下矣,有未生以前事矣。故说:天地与我并生,万物与我为一。吾心即宇宙,宇宙即吾也。

李:

我尝思之:有人出,则天地位焉,万物名焉,何哉？在人有灵明能动之心,心为何物？无对无待之灵明是也。感古往今来曰宙,觉四方上下曰宇,观万物山川花鸟鱼虫而有名……此“能指”何来？与生俱来矣！其实,人类无论何种何族,被宇宙创生来到世间,对地球自然的直观并无不同,只是到了稳定且周而复始地生活在同一个地域以后,人分种族而有了不同的文化,才逐渐有了观念上的分别,也即宇宙生生不已创造了有心文化和无心文化两大类型。有心文化如中华文化将人视为宇宙生生之最高最全之生灵，而无心文化则视人为世外之灵，宇宙是一实体，并无生机可言。康德在《纯粹理性批判》一书中讲“先验逻辑”，下分“先验分析论”“先验辩证论”。所谓先验，就是先天的固有的，与孟子所说“不虑而知，是良知”、陆九渊所谓“发明本心”、程朱所谓“性即理”、阳明所谓“心即理”有契合处。荀子说：“水火有气而无生，草木有生而无知，禽兽有知而无义，人有气有生有知亦且有义，故最为天下贵也。”这样，在宇宙生生中，水火之气性、草木之生性、禽兽之知性，加之义性，人之性可得其全而有心矣！西方人不是无心，而是把心与天地万物分隔开来，中国人视人心为天地万物之主，与道心为一。西方人讲先验原理和先验方法，逻辑上讲不通时，借助“先验的创造的想象力”创造出“构架”，将现象从属在知性纯粹概念之下；在总体上说不通时，则放在彼岸，如康德之物自体、“上帝”、自由；或者为了玩弄概念游戏，牵强附会之，让自然界从属在其体系之下，如黑格尔哲学。中国先哲则不取这种理路，而是取道、心一体流通：心智活动则是悟本，整体关照，故无分而析之、宗而合之的“分且隔”。天地万物之理，吾心俱全，天地万物之理，吾心可格，天地万物之性，吾心可用。故中国人善创造发明，西方人善发现发明；中华文化是生态文化，西方文明是反生态文明。

书信篇

致汪文汉[①]先生

汪校长、周老师[②]：

您们好！值此双节同庆之际，学生尚武、锡芬给您们祝贺节日啦！祝您们及家人节日快乐，阖家团圆、康乐！

离开江城已逾四载，无日不挂念恩师至嘱，孜孜于学习思考，前些日子有了些微成果，著《道兮归来》一文，并与其他文章合集成《心论集(续)》，由人民文学出版社出版。谨将此书敬呈恩师，承望恩师指教。

借此机会写几句心里话，非诗非词，只是录其概要，献与恩师。

一

归燕匆匆又四载，
恩师至嘱常鸣怀。

---

① 汪文汉，原华中师范大学副校长，现为湖北省老教授协会常务副会长。
② 周老师，即周宝珠，汪文汉先生的夫人，华中师范大学教授，现已退休。

难托鸿雁羞无果，
盟誓在耳究可哀。

二

求知孜孜茅塞开，
文心渐悟入道来。
中华文化天作成，
西洋文明人自裁。

三

中华道学心统宰，
西方哲学心物掰。
大化氤氲润苍生，
工具切割生机衰。

四

道心微微普世爱，
科技咄咄恶中怀。
西学有归求伦理，
真善合一乾坤开。

尚武 锡芬　敬上
2012 年 9 月 30 日　中秋节

汪校长、周老师：

您们好！

壬辰年接到您们发来的两封信，几番拜读之后，都像喝了一口甘醇的美酒，久久萦绕在心头。我和王锡芬边阅读边欣赏边品味，仿佛又回到了汤逊湖畔、桂子山头，让我们心驰神往！信中那些妙不可言的诗句，真有些“桂子山头飘幽香，渤海之滨动心潮”的遐思；那些渐渐远去却又历历可见的情景，让我俩油然升起一股“黄鹤楼边诗犹在，第一关上望南国”的酸楚！

恩师在信中以点睛之笔鼓励学生，让我想起八年前汤逊湖畔的那次对话，恩师也是以简短的话语深刻地指出《心论集》之宗旨在于以两大原创型文化破除西方的学术范式中心论；今天，恩师指《心论集(续)》是以构建中华道本文化学术体系为重任，令学生深为感佩！这又让我回忆起在桂子山临别之际，恩师指示学生努力创建新中华文化体系之至嘱。可以说，学生学术研究的每一重要进展都与恩师的关怀、帮助密不可分。今后，学生当努力遵循至嘱继续前行，不辜负您的厚望！

学生真诚希望恩师夫妇保重身体。按恩师两首诗的意思，学生也诵吟两首奉献给您们，以期您们闲时雅览、指教。蛇年春节将至，谨以此恭祝二位恩师及家人新春大吉、阖家安康！

颂　心

华夏生生五千载，

西人狺狺九州哀。
天降大任于中国，
黎民有命心主宰。
凤凰涅槃创新世，
改革开放再腾飞。
代代相传人杰出，
欣欣向荣盛世来。

乐　老

笔力苍劲知健康，
文思敏捷书华章。
诗情绵绵笑齿动，
浩气荡荡空鬓霜。
盛年不枉人生志，
衰翁何逊少年郎。
心底无私天地阔，
自是恩师真容光。

尚武　锡芬　敬上
2013 年 1 月 28 日于秦皇岛在水一方

附汪文汉先生来信

尚武学弟：

大札阅悉，近日事多，迟复为歉！

《人民日报》《光明日报》二报发《心论集》国学书讯消息，是一件惬意之事，让我能分享，共喜同乐！

你学习"十七大"精神的体会，我已认真拜读，言简意赅，撮其要义，给人诸多启发。特别是关于中华文化道统论的见解，是当今"国学热"的话题。

不知尚武是否早有打算安排，我倒建议在充分酝酿的情况下，再撰写一部关于"中华文化新论"的书，着力于"新论"，也是对国学问题的贡献。近期，学者们都谈到中华民族的复兴在于文化之复兴；谈到研究国学既要有历史感，又要有现实感；富民强国要有心性之学，又要有治国之论。为了便于你思考，我将文化学者余秋雨在近日面对世界华商所作的题为《世界视野下的中华文化》演讲提要（我听时的笔记）给你一阅。

余秋雨在演讲中说：中国经快速发展中，失落了很多精神的文化的东西。当今中国，如同一个巨人走了很远的路，其身高腰围体重乃至动作看清了，但对性格脾气不够了解。而很多人还在用人类文化共性来定义中国文化，这是一个偏向。

文化有 200 余种定义。余秋雨认为，文化是一种精神价值和生活方式及心理习惯。中华文化是世界唯一没有中断和消亡过的长寿的文化。

余秋雨认为公元前5世纪出现了许多了不起的人物(释迦牟尼比孔子大14岁,亚里士多德比孟子大10岁等),他们都是在思考哲学问题:希腊哲学家思考人与物的关系(精神自由问题),印度哲学家思考人与神的关系(灵魂解脱问题),而中国哲学家思考人与人的关系(社会管理问题)。这些哲学思考用帝国的气象将其变成一个实体——罗马帝国、孔雀王朝、秦汉帝国王朝,即哲学智慧体制化。后来,"蛮族"入侵又改变了它们。到了19世纪,中国落后很远了,那是因为我们在"整理",他们在探索;我们在咬文嚼字,他们在田野考察;我们回顾过去,他们遥想未来。

余秋雨认为,中华文化之所以是长寿的文化,在于她"三不喜欢",同时又带来"三不在乎"

中国人"三不喜欢"的思维:(1)不喜欢远征,没有占领欲望;(2)不喜欢极端,力主"中庸之道";(3)不喜欢失控,不要四分五裂。

中国人"三不在乎"的毛病:(1)不在乎公德,对共同公间无知;(2)不在乎真假,在乎忠奸善恶;(3)不在乎创新,注重回顾整理,有无争议的陷阱……

余秋雨最后认为,经济发展的最后都会成为一种文化选择。文化才是经济之目的。文化最终落实在人格上。一切改革,文化的改革是基础,它唤醒国民最新的信仰。

余氏所言都有自己的独特见解，我特别摘录于此，转告给你。

那天到分校参加活动，来去匆匆，加上视力有限，未能见到你和王老师。请代向王老师问好！

顺颂

秋祺！

汪文汉

2007年11月7日于桂子山

尚武、锡芬伉俪：

大札早阅，唯《心论集(续)》一而再、再而三精读，甚为敬佩。学术自成系统，可谓"君子学以致其道"。中华文化以道为本，以心统摄，是值得尊重的学术创见。联想到儒家以民为天、以和为贵的思想，我又检索《论语》，其"道"字出现为60次，其中最核心之论，当属"本立而道生""志于道""朝闻道，夕可死矣"，强调"吾道一以贯之"(仁道)。孔子反复说"邦有道""邦无道"，推崇"先王之道""人能弘道，非道弘人""道不同，不相为谋""道不行，乘桴浮于海"，从而归结到"夫子之道，忠恕而已矣"。

孔子及儒家之道，以伦理之论，使之民本化、社会化、理想化。我最欣赏的是其"中庸之道"(是世界观，更是方法论)，应有普适性。老庄之道，大作中更详实；佛禅之道在乎心，似有更多阐释为佳(或结合程朱理学、王阳明之心论均好)。数千年之道论，让人深感醇厚而悲怆。纸短话长，待后续说吧！

谢谢你们的情谊，四载未见，时时挂念。我心如唐诗云"海内存知己，天涯若比邻""相知无远近，万里尚为邻"。每年与老马、老谢、心德等诸友聚会，仿佛你们也在其中。我在桂子山做点事，仍忙，但我和老伴身体尚可，虽偶有病痛实属难免，请不要担心。

近日有两首诗作，抄寄给你们指正：

颂　党

发展马列志昂扬，
忧乐民生世无双。
风气清正捉蛀虫，
统帅神州迎朝阳。

咏　老

吾发苍苍视茫茫，
牙齿动摇两鬓霜。
健忘却喜拾旧忆，
衰翁昔曾少年郎。

汪文汉 周宝珠
2013 年 1 月 5 日晚于桂子山

致刘镇琦[1]先生

镇琦仁兄：

信件收到。感谢仁兄对拙文的评判，愚弟从中得窥兄之学识之深、人品之真、做人之诚。弟得仁兄挚友良师，深以为傲。今后，弟祈望与仁兄多多交流、切磋为盼！

关于拙文《封建新论》，愚弟作如下说明：

《封建新论》以打破西方中心主义为宗旨，还中华道本（亦是心本）文化以本来面目，即中华文化是“合且通”的有心文化；落实在治道上则是礼乐制度，具体到古代治国方略则是“封建一统”制度。

西方自古希腊有所谓“联邦制”，即以契约（法律）为

---

① 刘镇琦，南开大学历史系毕业，原河北省秦皇岛市政协文史办公室主任，已退休。现为秦皇岛市国学研究会副会长。

依据的国家形制，联邦制可以吸收新成员而扩大，也可因其成员退出而缩小。联邦制国家形制至今已有二三千年的历史。而中华民族自古就是以血脉相通而有封建治国之传统，从部族一统封建—宗法一统封建—郡县（行省）一统封建，治道一以贯之。但因把 feudalism 误译为"封建"，且与西方中世纪社会制度挂钩而搞混了中国历史。

西方人以"联邦制"治理国家至今依然，这是西方人的发明。但中国行政制度乃至中华文化被西方中心主义所混乱，现在应正本清源，拨乱反正。西方的联邦制可分可合、可进可出，是其个体本位使然；中国古代的封建制是生机整体，是有心统摄、"合且通"的性质，是关系本位使然。

仁兄所提"人心惟危"的出处，是《尚书·大禹谟》的十六字箴言，即"人心惟微，道心惟危，惟精惟一，允执厥中"。

端午节到了，愚弟收到您发来的礼物，很是欣慰，感谢仁兄嫂的美意，愚弟做一小诗以为回贺：

七　古

——恭贺仁兄嫂癸巳年端午节

兄弟相识在关山，
谈笑风生若许年。
肝胆相照无他求，
书生只恋天地间。
古稀抒怀有网络，

再添友情多挂牵。

适逢端午佳节到，

恭祝兄嫂永乐安。

尚武 锡芬 敬上

癸巳年孟夏端午节于在水一方

镇琦仁兄：

兄嫂及全家都好！

谢谢仁兄对愚弟的鼓励和指导，仁兄所指“人心惟危”在前，极是！弟以为，中华民族以无比的智慧和勤劳创造了绵延五千年的伟大文化，但为什么会遭到某些以西方主义为中心的学者的批判、唾弃？我想大声质问他们：这样的民族为何能够生生不息五千年，成为世界上唯一生息繁衍至今的伟大民族？为何能在世界列强的无耻侵略、瓜分、掠夺中一步步抗争，最终驱敌于国门之外再获独立与新生？这些真实的历史难道不是中华民族的伟大文化起着凝聚全民族智慧与能力的作用吗？同样令我不解和困惑的是：中华民族凤凰涅槃式的新生为何没在知识界引起同样的新生，反而继续模仿西方文化范式？

于是，我从最根本的文化类型上思考，从中西宇宙观上思考，从社会发展道路上思考，并抛弃了我在 80 年代至 90 年代初所持的观点，即在《中国封建社会长期延续初探》等三篇文章中的观点（详见《心论集（续）》的附文）以及在《异体化生论刍议》《文化类型新论》《中华民族民族性新论》等文章中的观点。

镇琦仁兄，一个国家、一个民族，有什么样的文化就会有什么样的政治体制、国家形制，而国家政治体制、形制就是这个民族文化的组成部分。可是，国内某些西化派精英罔顾中国五千年的辉煌历史，鼓吹所谓西方价值的普适性。不知是何用意？！

仁兄在信中说，文化既是基础，又是灵魂。怎能将其弃而不顾呢？仁兄说到点子上了，令弟钦佩！

仁兄关于五种社会形态，愚弟在《中华民族民族性新论》一文中有所论述。在中国人的思想中，有一个大写的“人”，它不同于动物，是人的抽象，与动物最大的区别是“有义”（如荀子所说），但西方没有这样的“人”。西方的人道主义（humanism）的这个“人”是生物学意义上的，是与动物类似的，而他们社会学意义上的人是用“man”即男人这个词表达的。所以，在中国人的观念中，人就是有气有情有知亦且有义的道德人，所以中国有以人为本，人道是在此意义上讲的。不知是否准确，请仁兄指教。

拉杂写了这些，呈送仁兄。再续。

敬候

仁兄嫂康乐！

尚武　敬上

2013年6月25日于在水一方养心斋

附刘镇琦先生来信

尚武:

端午节好？大作促进了我的学习与思考,拜读几次,也怕难及宏旨,只得以初进大观园之感,边走边看边说。

大作选了个历史大题,也是时代尖端,涉及多种学科,而凸显了历史哲学,站位是高的;采取了借古鉴今,中西对比,方法也是科学的。当今的社会科学不如此就很难出成就。在全球化文化交锋、交融中,更应有“中国论”的声音,佩服老弟的胆识。

大作没有囿于一学一说,而是另辟新径。这应是时代精神的体现。当然要“以中为体”,才丰富多彩。

“封建”初始代表新生,确也创造了辉煌。但现在有很多问题得不到科学的清理,更可悲的是把“批判地继承”妖魔化。以时代所提供的新站位、新视角透视、扫描历史的纵深,还其真相,应时所用,是完全必要的。

请查“人心惟危”出处。

以上浅见,敬请指正。余言再叙。

祝好

镇琦

2013 年 6 月 9 日

尚武弟：

恭读惠函，很感动，很开心。三十多年的友谊，从共迎朝阳送晚霞，同冒雷雨顶风雪开始，车轮滚滚，汽笛声声，和着谈不完的话题，相识而相知；缘分、执着、性格，让我们越走越近，越来越亲。有幸世风没把我们变成油吏、市侩，诚如弟言还是书生，尽张求索的天线，接收似乎于己无关的问号。可能书生本性使然，头脑已不完全属于自己。让我们共勉，保重身体，排除干扰，集精力于即选之路。尤其弟年轻有为，基础好，潜力大，该出手时就出手。更愿得老弟的指教。

我很欣赏你的“异体化生论”，有深度、广度；“新封建论”当是姊妹篇，又是新开拓。我也觉得，从古讲到今的文章，面对的不仅是学者，用语尤其题名应照顾到一般读者。不知当否。另外，在我印象里“人心惟危”当在“十六字心传”句首，请酌。暂叙到此。

谨祝

安好，并代问贤弟妹好

镇琦

2013 年 6 月 11 日

尚武弟：

近好？衷心感谢眷顾与惠赐。

大作皆为时代的潮头之作，很有分量。初赏即颇受启迪。老弟治学方法科学，方向明确，尤态度执着，矢志立论弄潮，既时之所需又时之所稀。联想到某些论调自我矮化，自认被动，实是一叶障目，片言塞路。至今也没有明确更正，严重影响了政治、文化领域的竞争与合作。交锋、交融有助新生，不会重复旧物。全球化即是以国家现代化为基础的，全球范围的政治、经济、文化进行竞争与合作。文化既是基础，又是灵魂。怎能将其弃而不顾呢？因此，我很欣赏老弟之所钟、所勇、所成。在此问题上，我更同意“匹夫有责”的观点。

在一些具体问题上，我还很难走出所学所思的圈子，比如五种社会形态等，总觉得中西之别主要在量不在质，在表现形式、范围的不同。容后再进一步思考、讨论。

谨祝

夏安

镇琦

2013 年 6 月 24 日

尚武弟:

好?

弟之大作皆为独立思考的结晶而立论新颖,正是时代所需。关于奴隶制,已涉中西对比。我对此未专注,只能说些学感疑见。

中国没有大规模的奴隶劳动、起义,未如希、罗、印民族侵占后对原文明摧毁、原居民制度性的奴役,但是家庭与宫廷奴隶(仆)是存在的。郭沫若考周分人与民,民被损左目以明奴身;臣,甲骨文作屈服仰望状,古即释为奴仆、战俘;修皇陵、长城等,民、俘、囚皆有;帝王、达官贵人以人殉葬;少数民族奴隶制及战争奴隶等。周之"溥天之下,莫非王土;率土之滨,莫非王臣"论,农既贵化了土地,也普奴化了臣民。

因此,中国奴隶制是与家国同构、族邦连体,与一家一户小生产相联系的非典型奴隶制。马、恩对非欧涉论谨慎,但五形态、三阶段似都不会囿于欧中论。黑格尔《历史哲学》对中、印都有深探,尽管有疏。再者,文艺复兴中学早已西渐了。

弟从农与家切入论述,我很欣赏,也强化了我之原见。父权制则中典型于西,从中对女人之苛、西对婚姻之纵即可以看出,就连孔子于此也过中庸了。中西路有别而方向趋一。

关于民主,久思未解,只认为不可泛论。人类进步总是民众与精英的结合,任何偏缺都不可;都是政治学术化与学术政治化的交替,任何停顿也是不行的。

以上信口开河,请弟批评。

祝好

镇琦

2013 年 7 月 16 日

致郭继汾[①]先生

郭老：

您好！

承蒙您厚爱，将《吕不韦与〈吕氏春秋〉》文稿寄予学生。不才诚惶诚恐拜读三遍，对先生大作宗旨了有所悟。提意见实在不敢当，只是将自己学习的心得向尊师汇报一下。

恩师科班出身，学养深厚，知行合一，学生久仰先生高风亮节，敬佩先生匡救时弊的情怀。然大多学院派出身者，难免门户之见、师承之虞，况且“五四”以降，西学范式禁锢已久，对立斗争、否定之否定之观念亦已成习，非此即

① 郭继汾，东北师范大学历史系毕业，原河北省秦皇岛市民主促进会主委，秦皇岛市政协常委，已退休。现为秦皇岛市国学研究会名誉会长。

彼的逻辑像桎梏一样束缚人们的思维，此在我国学界似成痼疾，不下猛药难有突破。

学生对以唯心唯物两分之范式编写中国思想史或曰中国哲学史不敢苟同；把某一个学者的思想从中华文化整体中剥离出来或者把这个学者学说中的某一部分剥离出来再利用西学的范式或原理进行研究也不以为然；把中国文化拆解开来当作材料（像建筑物的砖、瓦、沙、石一样）而用西学的范式（有如建筑之蓝图）构建所谓中国历史、断代史、通史之类更是不以为然；当然，以阶级对立、阶级斗争的观点构建中国历史，评判人物、典籍，学生同样不以为然。

历史是生生不息之道，是天道、人道、地道之所在。不是英雄人物能改变历史，而是英雄人物都是历史的产物。所以，历史事件不可以作假设，我们只能探索其规律，不能以“应然”追索规律，只能通过“是然”去总结思考历史生生之道。英雄人物不是历史事件中的符号，而是一个个鲜活的人，是这样的人就会有七情六欲，与凡人无别，是历史把他们推到风口浪尖上，或顺应历史成就一番伟业，或逆历史而动成为历史的罪人，或某一时段建功立业，而时空改变以后又做出不少错事。论功也好，错也好，是也好，非也好，历史不会评说，但会留下痕迹。后人亦非圣贤，无论凡夫俗子，或大家学者，一样有七情六欲，对同一个历史人物和历史事件会有不同的看法、评说，所以就会出现仁者见仁、智者见智的情况。我想对历史人物的评价永远会是这样，就如秦始皇，至今仍有争论，恩师的大作当属其中的一种评判。有什么办法解决这样的问题吗？

学生以为，把历史人物放到历史的长河中去，还原成一个有血有肉的鲜活的人，像我们自己一样，可能更有助于公正地评判人和事。我们一生的所作所为不会都是错事，好事肯定做了很多，自己能认识到的错事肯定也做过，自己认为做得对而别人认为做得不对的事肯定也有。因为我们办任何事情总是离不开具体的时间、地点、人物这些条件，我们办任何事之前，要做出选择也离不开这些。同时，我们办事情还会有好恶、亲疏、利害之间的比较衡量。只要本心、良知、自觉不被私欲所蔽，干的好事还是多的；一时私欲蒙蔽了本心良知，办了点错事，应该不会影响对这个人的总体评价。学生认为，当年马克思对恺撒大帝的评价可资借鉴。

基于此，学生在撰写《心论集》这部书时，对历史人物和事件的评价主要从大的是非功过方面着眼，并从历史大视野的角度，遵循"恕"的原则，换位思考，设身处地，会更有益。

中华文化以道为本，生机活泼，博大精深，儒、道、法、墨等一应俱全，为当今世界上独一无二的，故治国之道绝非一学所能涵盖，走以儒为主合百家学之路势所必然。行黄老无为而治是汉初之策，经近 70 年实践，成文景之治。其间，在承秦制（即行郡县一统封建制）还是承周制（即行宗法血缘封建制）之间多有摇摆，公元前 154 年发生"七国之乱”，景帝平定之，历史最终选择了“承秦制”，而文、景、武之治能成恰恰是削藩承秦之功，足见无为而治方略有其局限。黄老之学(《吕氏春秋》所主张)只有融入儒学方是正理。此时董仲舒出，于学理上融合黄老法、阴阳五行等学，提出“罢黜百家，独尊儒术”的建议，而武帝采纳之，并在治国方略上有所为有所不为，行杂霸王道而用之策，遂成大汉盛世，创生并沿用了古代中国有效治理国家的治道，并一以贯之，直到清代。

郭老，以上是我的汇报，想到恩师年届耄耋，仍笔耕不辍，关心国运，令学生汗颜！上述报告，恕学生直言，不当之处，请恩师不吝赐教！另附近日学生拙文《封建新论》，于我们师生的讨论可能有用，一并请您斧正。

顺颂

文安

尚武　敬上

癸巳年孟夏于在水一方家中

另，学生写两首小诗，奉上。

拜读恩师《吕不韦与〈吕氏春秋〉》有感

横扫六合秦统一，

道化宗法郡县行。

始皇雄风难自转，
汉承秦制当适时。

读恩师评秦始皇诗有感

劝君评价秦始皇，
革故鼎新勿商量。
郡县治道秦开创，
孔学独尊汉始扬。
封建一统传百代，
功垂青史著华章。
中外思想化道本，
生生不息国富强。

附郭继汾先生来信

尚武：

你好！

寄去一稿，请不客气地提出意见。另外该稿寄给哪里合适，也想听你的意见。

郭继汾

2013年5月5日

吕不韦与《吕氏春秋》

一、比秦始皇还高明的政治家、思想家

秦始皇消灭六国，南平粤闽，北逐匈奴，建立起空前统一的大帝国。他本人躬操文墨，昼断狱、夜理书，施行法家的政策，建立起中央集权制度，实行独裁的统治，幻想建立一个万世一系的嬴家王朝。但事与愿违，在他身死异乡后，近臣们假借他的余威，发动沙丘政变，立幼子胡亥为帝，号称二世。秦二世昏庸残暴，在他即位的第二年就发生了陈涉吴广的农民大起义，天下大乱，导致大秦帝国只存在15年，二世而亡，雄主暴君流传后世。但在秦朝，还有一位非常高明的政治家不得不说，他就是吕不韦。

吕不韦是春秋战国时期最具有传奇性的人物。他原是赵国的一个富商，虽然致富百万，但社会地位不高。为了实现治国平天下的政治抱负，他精心策划并出资帮助在赵国为人质的秦公子异人，使之获得太子的地位。因此在异人当上秦国国君庄襄王之后，立

即兑现了当初与吕不韦约定的“分秦国与君共之”的诺言，任命吕不韦为丞相，封为文信侯，食河南洛阳十万户。13 岁的秦始皇即位后，又尊其为仲父。此时的吕不韦在秦国统揽朝政，大权在握。在这场赌博性的政治运作中，吕不韦表现出惊人的政治谋略和非凡的政治眼光。他是一位具有雄才大略的政治家，在秦国取得了杰出的成就。他还组织三千多学者和门客编纂了《吕氏春秋》一书。这部书不仅是战国末期的一座知识宝库，而且为秦国设计了统一六国后的政治蓝图，并提出了一整套长治久安的治国方略。

二、以黄老之学为主干，大统一的治国方略——《吕氏春秋》

《吕氏春秋》是战国末年（前 239）秦国丞相吕不韦组织属下门客三千余人集体编纂的杂家著作，又名《吕览》。此书共分为十二纪、八览、六论，共 12 卷，160 篇，20 余万字。吕不韦认为其中包括了天地万物古往今来的事理，所以号称《吕氏春秋》。

《吕氏春秋》的编著目的显然是为了集各家之精华而成一家之思想，就是以黄老之学为主干，融合各家学说，为统一后的秦国政治服务。

1. 法天地

凡十二纪者，所以纪治乱存亡也，所以知寿夭吉凶也。上揆之天，下验之地，中审之人，若此则是非可不可无所遁矣！即行其数，循其理，平其私。

《春纪》12 篇，孟春、仲春、季春各 4 篇，大多是讲一些全性养生的。因为春季是万物发生的时期，所以就把全性养生之道放在《春纪》。

《夏纪》12 篇，孟夏、仲夏、季夏各 4 篇。夏季是万物生长的季节，与此相适应，主要讲宽仁持政，尊师重教，提倡音乐。

《秋纪》共 12 篇，其中孟秋、仲秋共 8 篇。秋季是收获储藏的季节,因此在这8篇讲君主在此季节不设民役,让人民专心务农以备寒冬。秋收后要练习兵政,敬爱士民。季秋4篇讲为政必须顺从民心,所谓"凡举事,必先审民心,然后可举"。同时讲知人、识人。

《冬纪》共12篇,孟冬、仲冬、季冬各4篇。冬季是万物潜藏不活动的季节,所以12篇主要讲的是要加强品质上的修养,养成忠贞、廉洁、诚义的美德,要保持士节。

2. 尊重生命,不以物累形

《吕氏春秋》第一纪第一篇便是《本生》,第二篇便是《重己》。第二纪第一篇便是《贵生》,第二篇便是《情欲》。这都是开宗明义的文字,提倡的是健全的个人主义,叫做贵生主义。

《吕氏春秋·审为》认为:"身者所为也,天下者所以为也,审所以为,而轻重得矣;今有人于此,断首以易冠,杀身以易衣,世必惑之,是何也?冠所以饰首也,衣所以饰身也,杀所饰要所以饰,则不知所为矣。世之走利,有似于此,危身伤生,刈颈断头以徇利,则亦不知所为也……能尊生,虽贵富,不以养伤身;虽贫贱,不以利累形。"

但贵生之术不是教人贪生怕死,也不是教人苟且偷生:"子华子曰:全生为上,亏生次之,死次之,迫生为下。……所谓全生者,六欲皆得其宜也。所谓亏生者,六欲分得其宜也。……所谓死者,无有所以知,复其未生也。所谓迫生者,六欲莫得其宜也,皆获其所甚恶者。服是也,辱是也。辱莫大于不义,故不义,迫生也。故迫生不若死。嗜肉者,非腐鼠之谓也。嗜酒者,非败酒之谓也。尊生者,非迫生之谓也。"(《吕氏春秋·贵生》)

因为天下轻于一身,故以身为人死,以身为一个理想死,才是真正看得起那一死。这才叫一死重于泰山,一死重于天下。

3. 无为而治

在《吕氏春秋》中，十二纪之后，是八览六论。八览共18篇，六论共33篇。

八览首列《有始》，从开天辟地说起，所谓“天斟万物，圣人览焉，以观其类”，以总摄八览。接着论述做人务本之道（《孝行览》），治国之道（《慎大览》），如何识别事物（《先识览》），执虚静，循名责实（《审分览》），如何对待空谈误国（《审应览》）。值得注意的是，从《持君览》开始，直至六论最后一论《务大论》止，都是谈的在君主政体中如何为君。

（1）反对独裁，主张君主无为。《吕氏春秋》认为天下者，天下人之天下也，非一人之天下也，所以主张为君之道要简约无为。君主的操守在自身，君主无为是不干涉各官员所司之事，主要精力放在识人和选贤任能上，所以是无为而无不为。主张君主应和臣民一样，有错必罚，不适合做君主的则要推翻他，包括使用暴力。

（2）反对专制，主张求贤使能。《吕氏春秋·知度》中说：“有术之主者，非一自行之也，知百官之要也。知百官之要，故事省而国治也。”求贤人不要只在贵族的小圈子里，要放眼到群众中去找，像尧求舜，汤求伊尹（伊尹是厨师），武丁求傅说（傅说是泥瓦匠），武王求太公，齐桓公用管仲，秦穆公用百里奚。

（3）反对家天下，主张禅让制，如尧让舜，舜让禹。墨家推崇禅让制。在墨家学派中各地方领导人是“钜子”，就是各地群众共同推举的。

吕不韦清楚地认识到当时中国的形势，秦统一天下的大势已定，六国诸侯已无力阻挡这一历史潮流，凭着政治家的敏感认为“胜非其难者也。持之其难者也”。那么，作为相国的吕不韦必须考虑到统一后的秦国如何治理，实行什么政策才能达到长治久安。

因此，他在《吕氏春秋》里提出了一整套政治主张，而虚君实臣、民本、德治是其政治思想的核心。他说："人主有能以民为务者，则天下归之矣。"治理天下首先要得民心。要得民心就要切实地为民众禳除灾祸，创造福祉。在民主思想基础上，《吕氏春秋》提出了以德治为主、赏罚为辅的方针。在《吕氏春秋》的德治思想中，教育和音乐占有特别突出的地位。

三、秦始皇是吕不韦的头号政敌

吕不韦在《吕氏春秋》中所反映的政治思想，恰恰和秦国传统治国思想相违背。特别是他的君虚臣实、民本德治的思想和秦始皇的力疾躬行、大权独揽完全背道而驰！吕不韦希望秦始皇能够采纳《吕氏春秋》的意见，使统一中国后的秦国能够长治久安。他曾将《吕氏春秋》布咸阳市门悬千金其上，延诸侯游士宾客，有能增损一字者予千金。他企图以相国之位、仲父之尊、公认的《吕氏春秋》思想迫使秦始皇完全依照自己的主张行事，使自己的主张定于一尊，从而维持秦国的长治久安。但秦始皇认为吕不韦是他的主要政敌，《吕氏春秋》所反映的思想和他企图建立万世一系的帝国有着尖锐的矛盾。因此在嬴政主政之后，就把吕不韦牵扯到嫪毐的政变之中，并赐书曰："君何功于秦？秦封君河南，食十万户？君何亲于秦，号称仲父？"将吕不韦的业绩全盘否定之后，秦始皇下令将吕不韦及其家属迁徙蜀地，吕不韦饮鸩而死。而他所主持编纂的《吕氏春秋》，即他为未来秦帝国所设计的政治蓝图，被秦国亡后新兴的西汉王朝所采用。

四、汉初盛行黄老之学，吕氏春秋思想的大发扬

公元前 202 年刘邦即皇帝位，国号曰汉，以长子刘肥为齐王，以大汉第二功臣、身经百战、体被七十余创的曹参为齐国丞相。时天下初定，曹参召长老诸先生，问所以安抚百姓，言人人殊。曹参闻胶西有盖公，专治黄老言，使人厚币请之。“既见盖公，盖公为言治道贵清静而民自定……参于是避正堂，舍盖公焉。其治要用黄老术。故相齐九年，齐国安集，大称贤相。”后萧何死，汉征曹参为相：“参为汉相国，清静极言合道。然百姓离秦之酷后，参与休息无为，故天下俱称其美矣。”

汉初，除曹参外，还有许多人尊黄老之术。据姜宸英《黄老论》写道：“汉自曹参为齐相，奉盖公治道，贵清静而民自定。其后相汉，遂遵其术，以治天下，一时上下化之。及于再世，文帝为天子，窦太后为天下母，一切所以为治，无不本于黄老，极其效，至于移风易俗，民气素朴，海内刑措。而石奋、汲黯、直不疑、司马谈、田叔、王生、乐钜公、刘辟疆父子之徒，所以修身齐家，治国莅民者，非黄老无法也。”

即使如陆贾，《汉书·艺文志》入之儒家，但他在给刘邦写的《新语》12篇中，在《术事》篇中写道“书不必起仲尼之门”，继“道基”“术事”“辅政”之后就是“无为”，又于《思务》篇称引老子。则陆贾于时代熏陶之中，师友哺育之下，受黄老之道的影响，不是显而易见吗？

史称，汉初七十余年间，经济恢复，社会稳定，文化欣欣向荣。在历史上出现的“文景盛世”，岂不是以黄老之学为主干而融合各家学说的《吕氏春秋》思想大发扬的成果吗？

参考书目

1. 汤一介、杜维明主编:《百年中国哲学经典》,海天出版社 1998 年版。

2. 张岱年、方克立主编:《中国文化概论(修订版)》,北京师范大学出版社 2004 年版。

3. 李泽厚著:《批判哲学的批判——康德述评》,天津社会科学院出版社 2003 年版。

4. [德]康德著,蓝公武译:《纯粹理性批判》,商务印书馆 1997 年版。

5. [英]阿诺德·汤因比著,徐波等译:《人类与大地母亲》,上海人民出版社 2001 年版。

6. [德]康德著,韩永法译:《实践理性批判》,商务印书馆 1999 年版。

7. [德]康德著,宗白华译:《判断力批判》(上、下),商务印书馆 2000 年版。

8. [英]迈克尔·波兰尼著,许泽民译:《个人知识——迈向后批判哲学》,贵州人民出版社 2000 年版。

9.[德]黑格尔著,贺麟、王太庆译:《哲学史讲演录》(第1卷),商务印书馆 1983 年版。

10.[奥]弗洛伊德著,高觉敷译:《精神分析引论》,商务印书馆 1986 年版。

11.[美]乔伊斯·阿普尔比、林恩·亨特、玛格丽特·雅各布著,薛绚、刘北成译:《历史的真相》,中央编译出版社 1999 年版。

12. 中华书局编辑部编:《中华学术论文集》,中华书局 1981 年版。

13. 侯外庐、赵纪彬、杜国庠、邱汉生等著:《中国思想通史》(第 2、3、4、5 卷),人民出版社 1956－1960 年版。

14.[德]黑格尔著,贺麟译:《小逻辑》,商务印书馆 1981 年版。

15. 葛兆光著:《中国思想史》,复旦大学出版社 2001 年版。

16. 吕思勉、童书业编著:《古史辨》(七),上海古籍出版社 1982 年影印版。

17. 蒋希文、吴雁南主编:《王阳明国际学术讨论会论文集》,贵州教育出版社 1997 年版。

18. 余英时著:《士与中国文化》,上海人民出版社 1987 年版。

19. 徐复观著:《中国人性论史·先秦篇》,上海三联书店 2001 年版。

20. 王焕镳选注:《韩非子选》,上海人民出版社 1974 年版。

21. 陈鼓应著:《老子注译及评介》,中华书局 1984 年版。

22. 冯天瑜著:《明清文化史札记》,上海人民出版社 2006 年版。

23. 朱熹集注:《四书集注》,岳麓书社 1987 年版。

24. 杨伯峻译注:《论语译注》,中华书局 1980 年版。

25. 章诗同注:《荀子简注》,上海人民出版社 1974 年版。

26. 杨伯峻译注:《孟子译注》(上、下),中华书局 1960 年版。

27. 曹础基著:《庄子浅注》,中华书局 1982 年版。

28. [英]保罗·戴维斯著,徐培译:《上帝与新物理学》,湖南科学技术出版社 1995 年版。

29. [法]孟德斯鸠著,张雁深译:《论法的精神》(上、下),商务印书馆 1961 年版。

30. [法]卢梭著,何兆武译:《社会契约论》,商务印书馆 1980 年版。

31. 吕思勉著:《两晋南北朝史》,上海古籍出版社 1983 年版。

32. 中国科学院哲学研究所中国哲学家史组、北京大学哲学系中国哲学史教研室编:《中国哲学史资料简编》,中华书局 1962 年版。

33. 王阳明著，应涵编译：《圣算致良知　〈传习录〉新解》，宗教文化出版社1997年版。

34. 朱熹著，安平编译：《圣算格物　〈近思录〉新解》，宗教文化出版社1997年版。

后　记

《中华道学论纲》终于要面世了。笔者感到很欣慰，退休以后还能做些有意义的事情。笔者对于学术研究是门外汉，对于哲学、历史虽很喜欢，但只是爱好，既不是科班出身，也没有师门传授，所以每篇文章都显得粗糙，遣词造句也不够严谨。但正因为如此，笔者可以放松地写，自由地论，文中跃动的思想会更加奔放，评判的机锋会更加凌厉！

书稿撰毕，笔者不由得想起李白所写的《临路歌》。李白生不逢时、怀才不遇的悲怆之感令人唏嘘，诗曰：

大鹏飞兮振八裔，
中天摧兮力不济。
馀风激兮万世，
游扶桑兮挂左袂。
后人得之传此，
仲尼亡兮谁为出涕？

而笔者欣逢盛世，喜悦之情难以言表，遂和李白《临路歌》之韵赋诗一首，名曰《补天歌》或曰《半路歌》：

大鹏飞兮冲八极，
狂风摧兮志愈济。
振翅炼兮成石，
补苍天兮复家园。
百年屈辱不再，
中华兴兮吾为之喜！

李尚武

2015 年元月于秦皇岛

图书在版编目(CIP)数据

中华道学论纲／李尚武著.—济南:齐鲁书社,
2015.5

ISBN 978-7-5333-3335-5

Ⅰ.①中…　Ⅱ.①李…　Ⅲ.①哲学思想-中国　Ⅳ.①B2

中国版本图书馆 CIP 数据核字(2015)第 080453 号

中华道学论纲

李尚武　著

主管单位　山东出版传媒股份有限公司
出版发行　齊魯書社
社　　址　济南市英雄山路 189 号
邮　　编　250002
网　　址　www.qlss.com.cn
电子邮箱　qilupress@126.com
营销中心　(0531)82098521　82098519
印　　刷　日照日报印务中心
开　　本　880mm×1230mm　1/32
印　　张　9.875
插　　页　2
字　　数　190 千
版　　次　2015 年 5 月第 1 版
印　　次　2015 年 5 月第 1 次印刷
标准书号　ISBN 978-7-5333-3335-5
定　　价　**38.00 元**